# Unsere schöne Vogelwelt in Garten, Feld und Wald

farbig gezeichnet von Terence Lambert

beschrieben von Alan Mitchell und

Renate van den Elzen

Paul Parey

Die Originalausgabe erschien unter dem Titel

LAMBERT'S BIRDS OF GARDEN AND WOODLANDS

im Verlag Collins Publishers, London
© Terence Lambert and Alan Mitchell 1976

ISBN 3-490-18718-0

# Inhalt

# Einleitung

Vogelfreunde lassen sich in zwei Gruppen gliedern: in Vogelbeobachter und in Menschen, die „einfach so" an Vögeln interessiert sind und ihnen aus reiner Freude zusehen. Beide werden sie versuchen, Vögel in ihren Garten zu locken und sie am Nistkasten oder Futterbrett zu beobachten. Der „Beobachter" stellt Artenlisten auf und notiert die wichtigsten Daten. Der Liebhaber schaut einfach zu (ein berufsmäßiger Ornithologe würde vermutlich gründliche Verhaltensstudien anstellen). Langweilig wird diese Art der Freizeitgestaltung nie. Stets gibt es etwas Neues zu beobachten und dazuzulernen. Schon manchem hat diese lohnende Beschäftigung über die erste Zeit der ungewohnten Untätigkeit nach einem aufreibenden Berufsleben hinweggeholfen. Das Vogelbeobachten kann in unserer hektischen Zeit eine sehr entspannende Freizeitbeschäftigung werden. Es führt uns in dem Tageslärm entrückte Gebiete – von der faszinierenden Einsamkeit der Salinen über wildromantische Flußmündungen zu Oasen voll unerwarteten Lebens in Kiesgruben oder aufgelassenen Steinbrüchen. Wir entdecken alte Kanäle und Landstriche einmaligen Charakters, die wir sonst kaum betreten hätten. Nicht zuletzt ist es gesund, unseren Vögeln zuzuschauen, führt uns das doch zu jeder Jahreszeit hinaus ins Freie, weil es immer wieder etwas anderes zu sehen gibt. Für die langen Winterabende steht dem Vogelfreund eine Vielzahl guter Bücher zu Gebote, die freilich nicht alle billig sind. Davon aber abgesehen ist das Vogelbeobachten keineswegs ein teures Hobby. Die Grundausrüstung des Beobachters besteht nur aus einem guten Fernglas, wetterfester Kleidung und einem verläßlichen Bestimmungsbuch. Für den Anfänger sind Garten und Park ideale Übungsplätze. Hier kann er sich das Aussehen der geläufigsten Vogelarten leicht und gut einprägen. Damit lernt er auch viele Waldvögel kennen, denn wie später erläutert wird sind Gartenvögel ursprünglich Waldbewohner, die sich dem neuen, vom Menschen geschaffenen Lebensraum Park oder Garten angepaßt haben. Daher ist es gewiß zweckmäßig, in einem Buch über Vögel der Gärten auch die Waldvögel zu behandeln.

## Vögel in Wäldern

Die meisten Arten unserer europäischen Landvögel sind Waldbewohner und leben vor allem an den Waldrändern und auf Waldlichtungen. Als sich in Europa nach dem Ende der letzten Eiszeit wieder ein gemäßigtes Klima einstellte, breiteten sich ausgedehnte Wälder über Tiefland und Mittelgebirge unseres Gebietes aus und drängten die eiszeitlichen Tundren nach Norden und in die Hochgebirge ab. Diese Tundrenlandschaften waren damals wie noch heute in Nordeuropa mit verkrüppelten Birken, Föhren und niedrigen Gräsern und Moosen bewachsen. Sie bildeten den Lebensraum von Ringdrossel, Birkenzeisig, Tannenhäher und Alpenschneehuhn, deren Verbreitungsgebiet nun mit der Ausdehnung der Wälder zusammenschrumpfte. Als offene Landschaften trockenen Charakters blieben nur die Sanddünen in der Küstenregion sowie ein an sie grenzender schmaler Übergangsbereich. Vögel der offenen Landschaft wie Feldlerche, Schwarzkehlchen und Steinschmätzer waren daher selten. In das wasserreiche Tiefland drangen langsam Salweide und Erle vor und legten das Land trocken. Neue Sumpfgebiete entstanden durch Überschwemmungen und Flußbettverlagerungen. In diesen Sümpfen hausten Rohrammer, Schilfrohrsänger, Teich- und Sumpfrohrsänger, Wasserralle, Teichhuhn und verschiedene Entenarten. Keine der bisher erwähnten Vogelarten wird man als Brutvogel in einem Garten antreffen.

Die Wälder des Tieflands und der Mittelgebirge setzen sich jetzt bei uns vornehmlich aus Eichen, Hain- und Rotbuchen zusammen, sofern nicht vom Menschen andere Gehölze, vor allem Fichten und Kiefern angepflanzt wurden, die auf diese Weise vielerorts an die Stelle des ursprünglichen Laubwaldes traten. Erstbesiedler der offenen Landschaft sind heute wie ehedem stets Bäume, deren Samen Flugeinrichtungen besitzen, zum Beispiel Birke, Weide, Pappel. Sie sind an das Keimen im offenen Licht angepaßt, ja gedeihen sogar nur unter diesen Lichtverhältnissen. Sie verändern ihre Umwelt, indem sie Schatten spenden und ermöglichen so anderen lichtempfindlicheren Arten das Keimen, können aber selbst wieder nur am Waldrand treiben, weil ihnen im Inneren des Waldes die zum Wachstum notwendige Lichtmenge fehlt. Allmählich entsteht so eine Art lockeren Waldes, der Säugetiere und Vögel anlockt, die ihrerseits für die Verbreitung von Samen verschiedener anderer Baumarten sorgen. Einige unter diesen Samen werden zum Wachstum geeignete Verhältnisse antreffen und Sämlinge bilden. Somit ergibt sich eine ganz bestimmte Aufeinanderfolge von Baumarten, von der jede Generation mit weniger Licht auskommen muß als die vorherige, bis zuletzt nur mehr diejenigen Arten treiben können, die gegen schlechte Lichtverhältnisse am unempfindlichsten sind. Um den schwachen Lichteinfall voll ausnutzen zu können, bilden solche Bäume sehr weit verzweigte Kronen aus. Bis zum Waldboden dringt dann oft nur noch sehr wenig Licht – hier wird sich allein die Baumart entwickeln können, die unter diesen Lichtverhältnissen zu keimen und zu wachsen vermag: der Wald hat den Höhepunkt (Klimax) seiner Entwicklung erreicht und wird sich nicht mehr verändern; er ist zur Klimax ausgereift. Jeder Wald entwickelt sich ohne Eingriff durch den Menschen im Laufe von etwa fünfhundert Jahren zum Klimaxwald.

In Mooren und Auen bilden Erlenbestände die Klimaxvegetation. Diese Erlenwälder sind u.a. Brutplatz für Weidenmeise und Spechte; im Winter suchen hier Birken- und Erlenzeisig ihre Nahrung. Erlenhaine waren entlang von Bächen und Flüssen früher weitverbreitet, – viele der darin vorkommenden Vogelarten finden wir heute als Gartenbewohner wieder. In den Mittelgebirgen bestehen die Hochwälder, wie schon gesagt, vor allem aus Rotbuchen oder Eichen. Rotbuchen können mit ihrem tiefgreifenden, starken Wurzelsystem Wasser auch in größerer Bodentiefe erreichen. Daher können Buchenwälder auf relativ trockenen Standorten gut gedeihen, sind aber gegenüber schweren, nassen Böden recht empfindlich. Dort bilden sie nur oberflächliche Wurzeln aus, verlieren nach Erreichen einer bestimmten Größe den Halt und stürzen um. Buchenpflänzchen gedeihen unter den lichtdurchlässigen Eichen gut, umgekehrt können aber junge Eichen niemals unter dem dichten Blätterdach des Rotbuchenwaldes hochkommen. So verdrängte die Buche im Verlaufe der nacheiszeitlichen Entwicklung auf leichten, trockenen und kalkigen Böden allmählich die Eiche und wurde hier zur Klimaxart, während auf besonders guten lehmigen Böden Eichen-Hainbuchenwald, auf dürftigem Sandboden Eichen-Birkenwald erhalten blieb. Buchenhochwälder sind meist ziemlich einförmig, mit dichtstehenden sehr hohen Stämmen, einem geschlossenen Blätterdach und fast ohne jeden Unterwuchs. Nur alte, abgestorbene Buchen (sie werden selten älter als zweihundert Jahre) lassen genügend Licht einfallen, so daß in einem Umkreis von etwa dreißig Metern Unterholz aufkommen kann. Die Generationenfolge läuft auch hier wieder wie schon geschildert ab und am Ende dominiert die Rotbuche wieder als Klimaxart. An Vögeln finden wir in Buchenhochwäldern Buchfink, Kleiber, Buntspecht, Ringeltaube, Hohltaube und Waldschnepfe, an ihren Randzonen und auf Lichtungen Waldlaubsänger, Amsel, Rotkehlchen und Zaunkönig.

In feuchteren Gegenden bilden Eichen Klimaxwälder aus. Eichen sind bei uns mit zwei Arten vertreten, der Stieleiche (die vor allem in Westeuropa vorherrscht) und der Trauben- oder Steineiche. Ihre Hochwaldformen unterscheiden sich vor allem in der Dichte der Kronendecke. Das Laub der Traubeneiche bildet eine gleichmäßig geschlossene Krone und verhindert das Aufkommen von Unterholz, begünstigt aber verschiedene Gräser. Charaktervögel dieser Wälder sind Trauerschnäpper, Waldlaubsänger und Gartenrotschwanz. Für Stieleichenwälder, deren Laubdach zahlreiche Lücken aufweist, sind u.a. Amsel und Blaumeise typisch. Buchfink, Fitis, Zaunkönig und Kohlmeise sind in beiden Eichenwaldformen zu Hause.

Die raschere Ausbreitung der Eichenwälder und deren vorzeitige Ausbildung zum Klimaxwald ist zum Teil dem Eichelhäher zu verdanken. Dieser Vogel sammelt im Herbst ungeheure Mengen Eicheln, die er oft weit entfernt vom ursprünglichen Sammelort als Wintervorrat eingräbt. Da er meist nur einen geringen Teil dieser Nahrungsreserven wiederfindet und verzehrt, beginnt der Großteil im nächsten Frühjahr zu keimen und zu wachsen.

Im nördlichen Teil der gemäßigten Zone und in den Höhenlagen der Gebirge schließt an die Laubwälder eine breite Nadelwaldzone an. In diesen immergrünen, besonders einförmigen Wäldern mit geringster Bodenbedeckung finden wir nur wenige Vogelarten vor. Einige haben sich aber gerade an das Leben im Nadelwald angepaßt, so Wintergoldhähnchen, Tannenmeise, Kreuzschnabel und Zeisig. Sonst so häufige Arten wie Eichelhäher, Elster oder Kohlmeise können im reinen Nadelhochwald nicht existieren. Im allgemeinen bildet jede Art von Hochwald einen sehr eintönigen Lebensraum und ist daher relativ artenarm. Aufgelockerte Wälder beherbergen neben den vorhin erwähnten Arten noch Misteldrossel, Singdrossel, Gartenbaumläufer, Grünling und Kernbeißer, sowie von den größeren Vögeln Eichelhäher, Ringeltaube, Waldkauz, Sperber und Kuckuck. Auf Lichtungen mit Strauchbewuchs treffen wir Grasmücken und Laubsänger an. Im Winter dominieren hier Meisen, Goldhähnchen und Baumläufer neben verschiedenen Spechtarten.

Einen Sonderfall der Wälder bilden die vom Menschen künstlich angelegten Parklandschaften. Sie werden ähnlich wie die größeren Gärten von manchen Arten bewohnt, die ursprünglich im Walde zu Hause waren.

In seiner Randzone geht der Lebensraum Wald gleitend in die angrenzende offene Landschaft über und bildet gleichsam einen völlig neuen, dritten Lebensraum. In dieser Übergangszone finden sich Lebensbedingungen für Pflanzen aus beiden angrenzenden Lebensräumen. Diese bieten oft ein besonders gutes Angebot an Nahrung und Deckungsmöglichkeit. Es siedeln sich in solchen Grenzbereichen mehr Vogelarten in größerer Dichte an als in der eintönigeren Nachbarschaft. Man bezeichnet dieses Phänomen in der Fachsprache als „Randeffekt". Übergangszonen von Seen zu Wiesen sind Sümpfe, zwischen Flußdelta und Hinterland können Lagunen liegen, und zwischen Wald und Feldflur gibt es einen Gebüschstreifen. Auch manche Gärten bilden solche Übergangsgebiete vom Wald zur „Kultursteppe" oder von den Parkanlagen am Stadtrand zum offenen Ackerland.

In den letzten Jahrhunderten hat der Mensch seine Umwelt besonders schwerwiegend verändert. Die Wälder haben stark abgenommen, die Restbestände haben sich durch die intensive Forstwirtschaft zu immer eintönigeren Lebensräumen entwickelt. Auch Feldgehölze sind verschwunden und für viele Arten sind Gärten zum Ersatz für fehlenden natürlichen Lebensraum geworden; einige wenige konnten sich sogar völlig an das Leben in der Großstadt anpassen. Der Haussperling zum Beispiel hat es längst aufgegeben, kunstvolle Kugelnester in Bäumen anzulegen. Er zieht die Mauernische an der Gebäudewand vor. Haustauben und Schwalben haben ihre ursprünglichen Brutplätze an Felswänden gegen Häuserfassaden eingetauscht; Kohlmeisen finden in Briefkästen und Blumentöpfen Ersatz für die fehlenden Baumhöhlen.

## Vögel in Stadtgärten

Die Zusammensetzung der Vogelwelt in unseren Gärten hängt hauptsächlich von der Lage der Gärten und erst in zweiter Linie von deren Gestaltung ab. Nur wenige Gärten sind groß genug, um ein reiches Vogelleben entstehen zu lassen. Viele werden von Vögeln auch nur zur Nahrungsaufnahme aufgesucht. Kleine Vorgärten im Stadtinnern eignen sich vielleicht noch als Brutreviere für Star, Amsel oder Haussperling. Findet sich manchmal auch der Grünling ein, ist vielleicht ein Friedhof in der Nähe, dessen Zypressen und Lebensbäume ihm als Nistplätze dienen. Treffen wir auch Blaumeisen an, ist die nächste größere Parkanlage nicht weit entfernt. Für einen Garten am Waldrand hingegen genügen schon eine Badeschale, etwas Rasen und ein paar Zaunpfosten als Sitzwarten, um mehr als ein Dutzend Arten anzulocken. In einem an Ackerland grenzenden Garten wiederum kann ein einzelner dichter Busch Anziehungspunkt für eine Unzahl von Vogelarten werden.

Der übliche Vorstadtgarten – eine größere oder kleinere Rasenfläche, die links und rechts von Sträuchern gesäumt und vielleicht von einem Blumen- oder Gemüsebeet aufgelockert wird – stellt für den Vogel keinen geschlossenen Lebesraum dar. Das gesamte Areal vor und zwischen den Häuserreihen muß als Einheit aufgefaßt werden, ungeachtet der vom Menschen gezogenen Grenzlinien. Denn meistens verlaufen die Reviergrenzen der Vögel mitten durch die freien Rasenflächen, da die meisten Arten in den dichten Hecken entlang der Zäune brüten und diese als Territorium verteidigen. Solche Vorstadtgärten weisen eine Vielzahl von Pflanzen auf: Sträucher verschiedenster Herkunft, ein paar Obstbäume, daneben manche exotischen Nadelhölzer, die für Vögel wenig interessant sind. Wenn diese Gärten ihrer Struktur nach auch Waldlichtungen gleichen, fehlt ihnen doch der Wald als Hinterland, ihre Grasflächen werden gemäht, damit ist der Reichtum an Insekten wesentlich geringer als der einer naturbelassenen Wiese. Die ausgeschnittenen Hecken bieten weniger Deckung und die Vögel sind einer ständigen Störung durch den Menschen ausgesetzt. Trotzdem haben sich Vogelarten, die sonst an Waldrändern vorkommen, diesen Gegebenheiten angepaßt, und wir finden unter anderem Dohle, Star, Haussperling, Kohl-

und Blaumeise, Heckenbraunelle, Gartenrotschwanz, Singdrossel und Amsel sowie stellenweise Stieglitz, Grünling, Misteldrossel, Rotkehlchen, Mönchsgrasmücke, Zilpzalp und Ringeltaube als Brutvögel in diesem neuen Lebensraum. Die Vorteile, die die Nähe des Menschen gewährt, sind ausreichende Nahrung zu allen Jahreszeiten und sichere Schlafplätze im Schutz von Gebäuden oder immergrünen Bäumen.

Ein beherzter Gartenbesitzer kann, wenn er sich von dem Vorurteil freigemacht hat, daß der ideale Garten stets ungezieferfrei und daher gespritzt, sauber gejätet und gemäht sein müsse, sein Stück Land geradezu in ein Vogelparadies verwandeln. Ein kleines Stück naturbelassener Wiese, das nur einmal im Herbst gemäht wird, einige wildwachsende Sträucher oder Bäume, die nicht ausgerechnet im Frühjahr zur Brutzeit zurückgeschnitten werden, ein kleiner Tümpel oder ein paar fachgerecht angebrachte Nistkästen können einen solchen Garten in eine Zuflucht- und Brutstätte für unzählige Vögel verwandeln. Die Vögel werden solche Gärten in umso größerer Zahl aufsuchen, je eintöniger die anderen Gärten der Umgegend sind. Eine offene, teilweise gemähte Rasenfläche sollte unbedingt vorhanden sein; sie lockt mehr Vögel an als ein mit dichten Sträuchern bestandener Garten. Besonders für Drosseln und Stare sind solche Rasenstücke äußerst attraktiv.

Ein vogelfreundlicher Garten mag zwar eine verhältnismäßig große Individuenzahl beherbergen, es wäre aber falsch zu hoffen, daß wir neue Vogelarten anlocken könnten. Selbst große Parkanlagen mit ausgedehnten Lagerwiesen, Blumenrabatten und großangelegten, strauchbewachsenen Flächen zeigen die gleichen Brutvogelarten wie gewöhnliche Gärten. Im Winter können Parks wegen ihrer großen einheitlich baumbesäumten Rasenflächen von Wacholder- oder Rotdrosseln aufgesucht werden, die sich nur selten in Gärten zeigen. Meist sind es halbverhungerte Zugvögel, die während strenger Frostperioden in Gärten ihre letzte Zuflucht suchen. Auch sonst nutzen gelegentlich Zugvögel, die Großstädte überfliegen, zur Rast das bißchen Deckung, das die Gärten bieten. Vorstadtgärten und Sträucher am Rande des zementierten Stadtwaldweihers können für kurze Zeit Waldbewohnern wie Fitis oder Trauerschnäpper Schutz gewähren, die hier von sicherer Deckung aus Jagd auf Insekten machen, bevor sie nach kurzer Rast weiterziehen.

## Gärten am Stadtrand und auf dem Lande

In den Randgebieten der Kleinstädte und in Dörfern sind Gärten bei weitem nicht so einförmig wie in den Städten selbst. Sie grenzen oft an Waldstücke oder Äcker oder sind durch andere Gärten mit solchen verbunden. Durch den vorher besprochenen „Randeffekt" erhöht sich die Artenzahl in diesen Gärten beträchtlich. Wenn die Vögel teilweise auch nicht in ihnen brüten, finden sie dort doch regelmäßig Nahrung oder suchen hier hohe Bäume als Singwarten auf. Wo Mischwald an den Garten grenzt, kommt vielleicht der Buntspecht zu Besuch, um Obst oder Nüsse aufzutreiben. Grünspechte suchen den Rasen nach Ameisen ab, Birken- und Erlenzeisige erscheinen im Winter auf der Suche nach Birkensamen. Eichelhäher spähen nach Vogeleiern und den Erbsen im Gemüsebeet, und die Elstern haben ein wachsames Auge auf die Küchenabfälle. Schlehdornbüsche und anderes Strauchwerk werden im Winter Schwärme der Schwanzmeise anlocken und ein paar von ihnen im Frühjahr als ständigen pünktlichen Gast am Futterhaus garantieren. Solche Gärten können in Gebieten, wo sich immer mehr riesige Gebäudekomplexe breitzumachen drohen, von unschätzbarem Wert für die Erhaltung von Waldflora und -fauna werden. Jeder Garten, der hinreichend Sichtschutz bietet (und in dem nicht pausenlos gearbeitet wird), kann, sofern er nicht schon zu isoliert gelegen ist, zu einer Oase für Mönchsgrasmücke, Zilpzalp oder Turteltaube werden. In Verbindung mit anderen ähnlich gestalteten Gärten und letzten unbebauten Grundstücken bildet er eine Zufluchtstätte für die echten Waldvögel, die sonst von den kahlen Betonriesen mit ihren sterilen Rasenflächen immer weiter zurückgedrängt würden, so daß am Ende wieder nur die beschränkte Artenzahl der Stadtvögel dort existieren kann. Am schlimmsten wirkt sich hier das Aufteilen großer Gärten in kleine Bauparzellen aus, wo dann Bäume und große Strauchbestände Gebäuden oder Blumenrabatten weichen müssen. Es kann nicht oft genug wiederholt werden, daß vereinzelt stehende Bäume, womöglich von Asphalt oder kurzgeschorenem Rasen umgeben, nur der Handvoll Stadtvögel als Heimstätte dienen können. Die alten knorrigen, bemoosten Apfelbäume oder das dichtverfilzte Weißdorngestrüpp, die wahren Anziehungspunkte für seltenere Brutvögel, werden meist aus „ästethischen" oder ökonomischen Gründen abgeholzt. Die Zerstückelung des Gartens wird – neben finanziellen Erwägungen – meist damit begründet, daß sein Besitzer einfach nicht mehr in der Lage sei, ständig zu mähen, jäten, säubern, düngen, spritzen und auszuschneiden. Denn schließlich gilt ein Stück Land, das unbeaufsichtigt und unberührt allmählich wieder in seinen natürlichen Urzustand zurückkehrt, als der „Schandfleck" der gesamten Umgegend; „wilde" Tiere könnten sich dort wieder ansiedeln und Lobelien, Kiespfade, Hunde und die nächtliche Ruhe des Nachbarn bedrohen. Daß solch ein Stück Natur den schönsten Hintergrund zum gut gepflegten Garten abgeben könnte, wird selten in Betracht gezogen.

Unbestritten ist und bleibt ein gut gepflegter Ziergarten für uns eine Augenweide. Ein Vogel betrachtet ihn allerdings mit anderen Augen: unkrautfreie, kurzgehaltene Rasenflächen geben zwar für Bachstelzen, Stare, Drosseln und Rotkehlchen gute Nahrungsquellen ab, sind aber für sie als Niststätten ungeeignet. Blumenrabatten liefern zwar im Sommer (sofern sie nicht zu „pflichtbewußt" gespritzt wurden) ein großes Insektenangebot, gewähren aber keinen Sichtschutz für einen längeren Aufenthalt. Die niedrigen, beschnittenen Hecken des Ziergartens werden vielleicht vielen Arten kurzfristige Deckung bei der Nahrungssuche bieten, aber nur ein paar Singdrosseln, Amseln oder Heckenbraunellen zur Brut ermutigen. Als Brutvögel wird solch ein überkultivierter Garten im Grunde genommen auch nur die üblichen Stadtvögel beherbergen, die es ohnehin im Überfluß gibt. Die anderen Arten werden ihn zeitweilig aufsuchen, zur Brut aber ins „Hinterland" ausweichen müssen. Ist solch ein Hausgarten groß genug geteilt zu werden, dann sollte es auch möglich sein, den Ziergarten in der Nähe des Hauses zu errichten und den restlichen Teil, dessen Pflege zu viel Mühe macht, als durch Ziersträucher vom Hause abgetrennte Waldlichtung wachsen zu lassen. Dort werden wieder wilde Blumen wachsen, deren Blüten und Früchte Bienen und Schmetterlinge in den Garten locken. Vögel werden sich einstellen und den Garten mit intensivem Leben erfüllen. Ihr Gesang wird uns manche frohe Stunde bescheren. Gärten ohne Vogel- und ohne Insektenleben sind tot, unwirklich, umgeben vom schalen Beigeschmack des Synthetischen und eines uns allen drohenden „Stummen Frühlings".

## Vögel und Ziergewächse

Sehr viele unserer in Gärten angepflanzten Ziersträucher und -bäume sind fremdländischer Herkunft. Für den Vogel ist es an sich bedeutungslos woher eine Pflanze stammt; und ob er ihr jemals schon begegnet ist. Wenn sie ausreichenden Sichtschutz oder Nahrung bietet, wird er sie in jedem Fall gerne als Nistplatz aufsuchen, ihre Früchte verzehren und in ihr rasten. Ein gutes Beispiel für die Beliebtheit exotischer Pflanzen sind zahlreiche Scheinzypressen- und Zedernarten, deren Heimat in Nordafrika, China oder Japan liegt, und die in verschiedenen Gartenformen beliebte Zierbäume geworden sind. Wo immer sie angepflanzt werden, im Stadtpark, am Friedhof, in großen und kleinen Gärten, überall bilden sie einen Mittelpunkt des Vogeltreibens. Für Grünfinken, Stieglitze, Singdrossel und Amsel geben sie beliebte Brutplätze ab, sie werden als Singwarten hoch geschätzt, Zeisige fressen ihre Samen und Türkentaube, Blau- und Kohlmeise benützen sie als Unterschlupf, und häufig suchen Goldhähnchen hier nach Insekten.

Einige der ausländischen Bäume sind für unsere Vogelwelt freilich wenig attraktiv, zum Beispiel Platanen. Aber auch die bei uns heimischen Stechpalmen werden keinen Vogel zum Brüten verlocken. Eine vereinzelt stehende Douglasfichte oder Lärche dagegen kann in einer Gegend, die arm an Nadelhölzern ist, zum Brutplatz für Goldhähnchen, vielleicht sogar für Zeisig oder Tannenmeise werden und im Winter Birkenzeisigschwärme anlocken oder ein paar Greifvögel zur Rast verleiten.

Auch ihrer Früchte wegen können viele heimische oder exotische Ziersträucher zum Anziehungspunkt vor allem für Grasmücken und Drosseln werden. Uns liefern sie Blüten- und Beerenschmuck, den Vögeln Abwechslung auf ihrem Speisenplan. Holunderbüsche sind nicht nur hübsch anzusehen, sie geben auch gute Nistplätze ab, und ihre Beeren sind bei vielen Vögeln sehr beliebt. Überwinternde Seidenschwänze werden sofort den Japanischen Schnurbaum und die Zwergmispel aufsuchen, um den ersten Hunger zu stillen. Der Vogelbeerbaum trägt seinen Namen nicht zu unrecht. Wer aber besonders vogelfreundlich ist, wird in seinem Garten Sonnenblumen setzen.

## Vögel und Vogelstimmen

Auf den folgenden Seiten werden wir neben der Beschreibung von Gefieder, Umwelt und Lebensweise eines Vogels vielfach eine detaillierte Darstellung seiner Rufe oder seines Gesanges finden. Solche Umschreibungen sind natürlich nicht ideal für die Wiedergabe der wohlklingenden Vogelstimmen, können aber doch ein ungefähres Bild eines Rufes vermitteln. Die gute Kenntnis von Vogelrufen ist manchmal zur Identifizierung einer Art unbedingt notwendig.

Der normale Weg, einen Vogel zu bestimmen ist der, daß man sich sein Bild gut einprägt und es in einem illustrierten Bestimmungsbuch wiederzufinden sucht. Einen Vogel am Ruf zu erkennen ist aber oft eine wesentlich verläßlichere, elegantere und stets anwendbare Bestimmungsmethode. Es gibt hierfür mehrere Gründe; einige hängen mit den physikalischen Eigenschaften der Lichtwellen und der Schallwellen zusammen, andere mit dem menschlichen Gedächtnis. Lichtwellen pflanzen sich geradlinig fort – der Vogel hinter dem Heuschober oder im Busch bleibt unseren Blicken entzogen; hören aber können wir ihn. Das Auge benötigt eine gewisse Lichtmenge, um überhaupt sehen zu können – im Dunkel sind Vögel unsichtbar und Farben sind im Mondlicht gar nicht, in der Morgen- oder Abenddämmerung nur verfälscht wahrnehmbar. Die Färbung des Gefieders verändert sich mit dem Winkel und der Menge des einfallenden Lichtes; bei Sonnenaufgang oder -untergang zum Beispiel, erscheinen uns alle Farben, vor allem aber alles Weiße, rosarot überflogen.

Sogar erfahrenen Beobachtern unterläuft noch mancher Sichtfehler: zwei von ihnen schrecken abends, bei schon schwachem Lichteinfall, einen Vogel vom Ufer eines Sees auf. Der eine sieht in ihm eine Bekassine, der andere eine Wasserralle. Hätte der Vogel gerufen, gäbe es über seine Artzugehörigkeit keinen Zweifel. Sichtbeobachtungen müssen, damit sie auch eindeutig und zuverlässig sind, unter guten Beleuchtungsverhältnissen und über einen längeren Zeitraum vorgenommen werden.

Scheuchen wir einen gemischten Schwarm Finkenvögel auf, ist es oft leichter die einzelnen Arten herauszuhören – Buchfink, Hänfling, Goldammer, Grünling – als sie visuell zu unterscheiden.

Befindet sich ein einziger Dunkler Wasserläufer unter einer Gruppe von zweitausend Rotschenkeln wird er ganz sicher übersehen, kaum aber überhört werden. Dasselbe gilt für eine einzelne Weidenmeise in einem gemischten Schwarm von Blau- und Kohlmeisen.

Dazu kommt noch, daß sich viele sehr nahe miteinander verwandte Arten (die sogenannten „Zwillingsarten") so ähnlich sind, daß wir schon sehr genau hinsehen müssen, um zu erkennen, welche Art wir wirklich vor uns haben. Vögel sind „Augentiere", das heißt sie sehen sehr gut und orientieren sich an optischen Merkmalen, Rufe sind aber für ihr Sozialleben, für die Verständigung innerhalb der Art von fast noch größerer Bedeutung. Neben bestimmten Bewegungsmustern dienen Rufe bevorzugt zur Warnung, als Drohung, um Rivalen zu verjagen; mit dem Gesang wird der Partner angelockt und das Revier abgegrenzt. Je ähnlicher zwei Arten einander im Äußeren sind, desto verschiedener müssen ihre Stimmen sein. So machen diese Arten uns das Bestimmen leicht, wenn sie „einen Laut von sich geben"; Sumpf- und Weidenmeise, Zilpzalp und Fitis, Winter- und Sommergoldhähnchen sind kaum an ihrem Gefieder, sofort aber an ihren Rufen zu unterscheiden. Bei ungünstigen Lichtverhältnissen, bei Nebel oder in der Dämmerung rufen alle Vögel besonders viel. Nur in ganz wenigen Ausnahmefällen werden Zweifel beim Hören eines Vogelrufes auftreten – vorausgesetzt natürlich wir kennen diesen Ruf, haben ihn schon einmal gehört.

Es gibt eigentlich nur einen einzigen wirklich sicheren Weg, Vogelstimmen kennenzulernen: immer wieder ins Freie zu gehen (am besten zur Herbstzeit, im Winter und besonders im zeitigen Frühjahr, wenn noch kein Laub die Sicht auf den Sänger oder Rufer behindert) und sich das Bild des rufenden Vogels oftmals einzuprägen – bis wir mit geschlossenen Augen sagen können: ja das war der Kernbeißer. Nehmen wir einen rufenden Vogel wahr, werden zwei Informationen – Bild und Klang – in unserem Gehirn gespeichert. Beim Wiederhören des Rufes liefert uns das Gedächtnis gleich die mitgespeicherte Information, das Bild des Vogels, mit. Den „Unmusikalischen" zum Trost: einige der besten Vogelstimmenkenner haben ein sehr schlechtes musikalisches Gehör. Noch ein Hinweis: manchmal ist es wichtiger, sich den Klang eines Vogelrufes, seinen Tonfall sozusagen, einzuprägen, als den Ruf selbst. Davon kann das

Tier nämlich mehrere Versionen bringen: Rufe sind je nach Stimmung und sehr oft auch von Individuum zu Individuum verschieden; der Klang bleibt aber immer gleich. Eine Kohlmeise etwa kann ihr Lied vielfach abwandeln. Trotzdem werden wir es stets am lauten, metallischen Ton erkennen und kaum mit der feinen, dünnen Stimme der Tannenmeise verwechseln, die ganz ähnlich singt. Auch „spottende" Arten lassen sich auf diese Weise leicht entlarven.

Eine große Hilfe (aber keinen Ersatz für die Vogelstimmenexkursionen!) bieten auch die zahlreichen Vogelstimmenplatten, von denen einige ganz ausgezeichnet sind. Diese Aufnahmen sind oft unter optimalen Bedingungen entstanden; vielfach sind „störende" Hintergrundgeräusche auf Platten auch künstlich entfernt worden. Zum Ersatz für die (mühsam) selbsterworbene Kenntnis der Vogelstimmen im Freiland können sie dennoch nicht werden, weil die persönliche Beziehung, der optische Eindruck, die gesamte Atmosphäre fehlen. Es sind oft Kleinigkeiten, die uns ganz unbewußt beim Identifizieren helfen: im Auwald werden wir die Weidenmeise, nicht die Sumpfmeise erwarten. Im Nadelwald sind wir von vornherein auf Tannenmeise, Wintergoldhähnchen und Waldbaumläufer eingestellt, weil das der Lebensraum dieser Arten ist und nicht auf Kohlmeise, Blaumeise und Gartenbaumläufer, die den Aufenthalt im Laubwald vorziehen. Erklingt der Nachtigallenschlag hoch oben aus den Baumwipfeln, werden wir gleich einen „Spötter" vermuten. Wir werden immer einen Vogel in seinem Lebensraum am leichtesten erkennen können. Zur Übung ist das Anhören von Schallplatten ohne diese „Hilfen" natürlich sehr gut geeignet. Im übrigen sollte sich jeder Vogelbeobachter und Vogelbelauscher an das alte Sprichwort halten: „Übung macht den Meister".

# GRAUREIHER
*Ardea cinerea*

Nur selten wagt sich der scheue, bedächtige Graureiher in die Nähe des Menschen oder gar in große Ortschaften. Seine Horste errichtet er mit Vorliebe in Auwäldern oder abseits gelegenen Baumgruppen, meist in Eichen oder verkrüppelten Weiden. Wo Bäume fehlen, nistet er auch in Sträuchern oder seltener im Röhricht. Zeitig im Frühjahr sammeln sich die Vögel, von denen viele den Winter im Mittelmeerraum, wenige auch in Afrika verbracht haben, in der Brutkolonie. Die zuerst eintreffenden Männchen besetzen die vorjährigen Horste; Spätankömmlinge müssen sich einen günstigen Nistplatz suchen. Am Horst beginnen sie ihre auffällige Werbezeremonie: mit durchgestrecktem Hals und hochgerecktem Kopf stoßen sie gurgelnde Töne aus. Darauf lassen sie den Hals auf den Rücken fallen und gehen in Hockstellung. Flach liegen sie auf dem Nest, nur der Schnabel weist nach oben.

Hat ein Weibchen seinen Partner gewählt, beginnt die Brut. Nach vier Wochen schlüpfen die Jungen, meist zwei bis vier an der Zahl. Beide Partner beteiligen sich an der Brutpflege. Die Nahrungsübergabe am Nest ist ein recht komplizierter Vorgang. Die Nestlinge stecken ihre Schnäbel tief in die Hälse der Altvögel und bringen sie so dazu, das im Kropf mitgebrachte, vorverdaute Futter auszuwürgen. Zur Futtersuche geeignete seichte Gewässer liegen oft mehrere Kilometer von der Brutkolonie entfernt. Dort erbeutet der Reiher den größten Teil seiner Nahrung: Amphibien, Fische und Insekten. Leider weiß mancher Fischzüchter, daß das Reiherfrühstück zum Teil aus seinen Jungfischen besteht, ein Umstand, der zur Unbeliebtheit und Verfolgung des Vogels geführt hat. Um das vom Schleim der Beutetiere verklebte Gefieder zu reinigen, benutzen Reiher „Kamm und Puder". Den Puder liefern ihnen Puderdunen, Federn, die ständig eine feine Hornmasse absondern; als Putzkamm dient die durch eine feine Zähnelung dafür ausgebildete Mittelzehe jedes Fußes.

# SPERBER
## *Accipiter nisus*

Sperber sind habichtartige Greifvögel mit kurzen, breiten Flügeln und recht langen Schwänzen. Diese verleihen ihnen die erstaunliche Manövrierfähigkeit für ihre eleganten Jagdflüge in den Wäldern, bei denen sie niedrig über dem Erdboden an Waldschneisen entlangfliegen oder über Hecken und Gesträuch hinweghuschen, um ihre Beute durch plötzlichen Angriff zu überraschen. Die etwa gleichgroßen Falken haben schmale, spitze Flügel, die sich besser für schnelle Verfolgungsjagden im offenen Gelände eignen. An schönen, warmen Tagen segeln Sperber gern und stürzen sich mit angelegten Flügeln aus großer Höhe auf Kleinvögel, ihre beliebtesten Beutetiere. Im Flug werden sie oft mit dem Kuckuck verwechselt, der aber nie segelt und wie die Falken spitze Flügel hat.

Das Weibchen des Sperbers ist oft bis zu zehn Zentimetern größer als das Männchen. Es ist auf der Oberseite düster graubraun gefärbt, während das Gefieder des Männchens dort schiefergrau ist und auf der Bauchseite die charakteristische orangebraune Querwellenzeichnung aufweist. Sperber sind schweigsame Vögel außer zur Balzzeit und am Horst, wo sie ein durchdringendes „gigigi" ausstoßen. Der Horst wird vom Weibchen in großer Höhe auf den verschiedensten Bäumen angelegt. Es bebrütet etwa vierzig Tage lang die vier bis fünf kalkweißen Eier, während das Männchen allein Beute macht und das brütende Weibchen und die jungen Nestlinge mit Nahrung versorgt. Jungvögel sind mit einem Monat flügge, bleiben aber noch einen weiteren Monat im Elternverband. Den Winter verbringen manche Sperber im Süden Europas, andere bleiben im Brutgebiet. Ihr Bestand nimmt trotz strengen Schutzes ständig ab. Als Hauptursache ist wohl der starke Einsatz von Pestiziden anzusehen, die mit der Nahrung aufgenommen werden und zur Unfruchtbarkeit der Vögel führen können.

# MÄUSEBUSSARD
## *Buteo buteo*

Der Mäusebussard ist im Feld am einfachsten im Flug an seinen breiten runden Flügeln und dem breiten, von schmalen schwarzen Bändern durchzogenen Schwanz zu erkennen. In der Gefiederfärbung sind Mäusebussarde untereinander ungewöhnlich stark verschieden: vom dunklen satten Braun bis zum hellen Beige treten Brauntöne aller Schattierungen auf.

Der Lebensraum des Mäusebussards sind Hochwälder in der Nachbarschaft von ausgedehnten Wiesen oder Feldern, über denen er, in großen Kreisen segelnd, nach Beute Ausschau hält. Aber auch von Telegraphenmasten oder ähnlichen Sitzwarten aus späht er nach Beute, die, wie sein Name sagt, hauptsächlich aus Mäusen besteht. Er verschmäht aber auch Heuschrecken und große Käfer nicht. Oft sieht man Krähen oder Dohlen, die jagende Bussarde auf ihren Beuteflügen belästigen. Aber nur selten läßt sich ein solchermaßen angehaßter Bussard durch seine Angreifer einmal aus der Fassung bringen.

Bereits früh im Jahr, in wärmeren Gegenden Mitteleuropas, wo Bussarde regelmäßig überwintern, schon Mitte Februar, beginnen sie mit ihren torkelnden Balzflügen. Während dieser Flugspiele rufen sie ein laut miauendes „hi-äh". Frische Zweige am vorjährigen Horst kündigen ebenfalls das Erwachen des Bruttriebes an. Ihre Horste liegen meist in Stammnähe hoch in den Baumwipfeln. Im April oder Mai legt das Weibchen seine zwei oder drei weißen, braun gezeichneten Eier. Beide Eltern, manchmal auch nur das Weibchen, bebrüten das Gelege mehr als dreißig Tage lang. Mit sechs bis sieben Wochen verlassen die Jungen den Horst, nach weiteren neun bis elf Wochen werden die Familien aufgelöst. Obwohl der Mäusebussard streng geschützt und neben dem Turmfalken unser häufigster Greifvogel ist, nimmt sein Bestand in manchen Gegenden langsam ab. Als Ursachen gelten neben dem Rückgang der Wälder und der abnehmenden Zahl der Mäuse auch der illegale Abschuß durch Jäger, die ihm die gelegentlichen Junghasen oder Fasanen nicht gönnen.

# TURMFALKE
## *Falco tinnunculus*

Der Turmfalke ist neben dem Mäusebussard der häufigste unserer heimischen Greifvögel. Seit der starken Zunahme des Straßenverkehrs ist er in manchen Gebieten sogar zum charakteristischen Begleitvogel großer Überlandstraßen und Autobahnen geworden. Immer wieder sieht man hier Turmfalken, die angefahrene oder überfahrene Kleintiere von der Straße holen. Der Turmfalke ist nicht wie andere Greife auf hohe Sitzwarten angewiesen, von denen aus er die Bewegungen von Nagern oder großen Insekten verfolgen kann; er hat vielmehr eine spezielle Flugtechnik entwickelt, das „Rütteln", ein Fliegen auf der Stelle. Dabei fliegt er gegen den Wind genau mit dessen Eigengeschwindigkeit. Bei starkem Wind bietet das dem Vogel keine Schwierigkeiten, aber geringe Windstärken machen gewisse Kompensationsbewegungen nötig, um auch den geringsten Lufthauch ausnützen zu können: er schlägt mit den Schwingen nach vorne, was ihm einen größeren Auftrieb verleiht; der aufgerichtete Körper und der gefächerte Schwanz bieten, einem Segel vergleichbar, dem Wind Widerstand.

Turmfalken sind vielfach auch in Städten anzutreffen, wo sie mit Vorliebe in alten Kirchtürmen brüten. Sie selbst bauen kein Nest, sondern legen die vier bis sechs weißen oder gelblichen Eier, die ein Gelege bilden, in ein vorgefundenes Nest oder ohne weiteres Nistmaterial in die Mulde des Nistplatzes. Die Brut dauert meistens dreißig Tage. Weitere dreißig bis vierzig Tage vergehen, bis die Jungen selbständig sind. Auch nach dem Ausfliegen sind sie, wie alle jungen Greife und Eulen, noch nicht in der Lage, ihre Beute selbst zu schlagen und müssen von den Eltern mit Futter versorgt werden. Die Nahrung besteht zu mehr als achtzig Prozent aus schädlichen Feldmäusen, aber im Sommer macht der Falke auch auf Heuschrecken und Käfer Jagd. Unverdauliche Teile der Beutetiere wie Haare, Knochen oder Chitinpanzer erbricht der Turmfalke von Zeit zu Zeit. Diese grauen, kokonartigen Gebilde, die oft unter den Horsten von Eulen und Greifen liegen, nennt man „Gewölle".

# WALDSCHNEPFE
## *Scolopax rusticola*

Der Lebensraum der Schnepfenvögel sind normalerweise Sümpfe, Feuchtwiesen und Tundren. Nur die Waldschnepfe hat sich völlig auf das Leben im Wald umgestellt. Sie scheint keine bestimmte Baumart zu bevorzugen: Hauptbedingung für ihr Vorkommen ist ein feuchter, weicher Waldboden, in dem sie mit ihrem langen Schnabel nach Nahrung stechen kann. Daher hält sie sich mit Vorliebe in der Nähe von flachen Wasserstellen oder schmalen Rinnsalen auf. Schreckt man den vierunddreißig Zentimeter großen Vogel auf, streicht er meist stumm mit klatschendem Flügelschlag ab. Oft erhebt sich die Waldschnepfe erst knapp vor unseren Füßen, bis zuletzt ins welke Fallaub gedrückt, von dem sie sich durch die rindenfarbene „Schutztracht" kaum unterscheidet. Die fliehende Schnepfe fliegt sehr gewandt; sie kann fast senkrecht in die Höhe steigen und sich dabei geschickt durch Äste winden ohne anzustoßen. Nur während der Balzzeit, die im März noch während des Zuges beginnt, verlieren die heimlichen Vögel jede Scheu. Mit auffällig geplustertem Gefieder überfliegt der Waldschnepfenmann in der Abenddämmerung sein riesiges Revier. Dieser als „Schnepfenstrich" bekannte Balzflug dauert etwa eine halbe Stunde und endet mit Einbruch der Dunkelheit. Der Vogel streicht mit trägem Flügelschlag niedrig über die Bäume, durch seinen behäbigen Flug und die gesträubten Federn fast einer fliegenden Eule vergleichbar. Nur die von Zeit zu Zeit vorgebrachten Rufe, ein krächzendes „kworr", dem ein hoher, weittragender Doppelton „pissib" vorangeht oder nachfolgt, verraten seine Identität. Sein gaukelnder Balzflug macht es auch einem geübten Jäger schwer, diesen als Leckerbissen sehr begehrten Vogel zu erlegen. Treffen zwei Schnepfenmännchen zusammen, beginnen sie in der Luft zu kämpfen; sie stechen mit ihren Schnäbeln wie mit Messern aufeinander ein und versuchen sich im Flug zu behindern.

Waldschnepfen nisten in Bodenvertiefungen unter Brombeersträuchern, Farnkraut oder sonstigem Gestrüpp; sie scharren auch selbst Nistmulden in den Waldboden, die das Weibchen notdürftig mit Moos oder kleinen Wurzeln auskleidet. Es bebrütet die vier großen, rostgelben Eier ganz allein. Nach Berichten mancher Autoren sitzt das Weibchen in der achtzehntägigen Brutzeit so fest auf seinen Eiern, daß man es sogar mit der Hand berühren kann. Nach anderen Mitteilungen verlassen Waldschnepfen ihr Gelege sofort und kehren nicht mehr auf ihr Nest zurück. Waldschnepfen sind Nestflüchter; sie verlassen bereits wenige Stunden nach dem Schlüpfen den Neststandort. Küken von Nestflüchtern schlüpfen schon befiedert, ihre Augen sind geöffnet. Sie können sich, unter Anleitung der Elterntiere, selbständig ernähren. Wer durch Zufall eine Schnepfenfamilie mit nur wenige Tage alten Küken trifft, wird mit Staunen beobachten können, wie die Altvögel eines nach dem anderen im Flug davontragen, – eine Verhaltensweise, die wohl einmalig in der Vogelwelt dasteht.

# HOHLTAUBE
## *Columba oenas*

Für den Vogelfreund bedeutet der Anblick einer Hohltaube immer wieder eine erfreuliche Überraschung. Ihre größere Verwandte, die Ringeltaube, sieht man viel häufiger. Da die Hohltaube, wie ihr Name schon vermuten läßt, in Baumhöhlen brütet, sind ihr Vorkommen und ihre Bestandsdichte stark vom Vorhandensein geeigneter Nistbäume abhängig. In manchen Gebieten, besonders in der Schweiz, hängt man deshalb Kunsthöhlen für sie auf. So können die seit der intensiven Forstwirtschaft rar gewordenen Naturhöhlen mit gutem Erfolg ersetzt werden. In Gebieten, in denen Natur- oder große Spechthöhlen, wie sie bei uns der Schwarzspecht anlegt, fehlen und keine Kunsthöhlen angeboten werden, weicht die Hohltaube auch auf Felsspalten oder gar Kaninchenbaue aus. Nirgendwo ist sie aber so zahlreich wie die Ringeltaube, der als Offenbrüter weit mehr Nistgelegenheiten zur Verfügung stehen. Hat die Hohltaube eine Bruthöhle entdeckt, legt sie diese mit Zweigen, Wurzeln oder Fallaub aus. Wie alle Mitglieder der Taubenfamilie legt sie zwei, seltener drei cremeweiße Eier. Beide Partner brüten abwechselnd sechzehn bis achtzehn Tage lang, das Männchen meist tagsüber, das Weibchen am Abend oder in der Nacht. Um den achtzehnten Tag schlüpfen die Jungen, die vom ersten Lebenstag an mit den für Taubenküken typischen haarförmigen, gelben Dunen befiedert sind. Im Alter von siebenundzwanzig Tagen fliegen sie aus, worauf die Altvögel mit einem neuen Gelege beginnen. Zwei Gelege pro Jahr sind die Regel drei seltener.

Die Nahrung der Hohltaube besteht aus Sämereien, die sie von Waldblößen oder Äckern aufliest. Ihren Ruf, ein dumpfes „hu-ru", können wir von Februar bis Oktober hören. Die wenigen Hohltauben, die bei uns überwintern, lassen ihren Gesang auch in den Wintermonaten hören. Solche Überwinterer mischen sich auf den umgebrochenen Äckern unter Haus- oder Ringeltauben. Im Flug unterscheidet die Hohltaube das Fehlen des weißen Bürzels von der verwilderten Haustaube. Die Ringeltaube ist größer und zeigt ein im Flug sehr auffälliges weißes Band auf jedem Flügel.

# RINGELTAUBE
## *Columba palumbus*

Unsere Ringeltaube ist ein echter Baumvogel. In einsamen, abseits gelegenen Waldgebieten sind diese Vögel noch sehr scheu. Viele aber haben sich bereits bis in Gärten oder Parkanlagen vorgewagt und fressen dort gemeinsam mit Haus- oder Türkentauben vom Futterbrett.

Ihr Flug ist schnell und gewandt. Beim Auffliegen erzeugen sie nach lautem Flügelklatschen ein pfeiffendes Fluggeräusch. Tauben haben im allgemeinen eine stark entwickelte Flugmuskulatur, die ihnen den raschen, fast senkrechten Start vom Boden ermöglicht. Allerdings ist die Ringeltaube wegen des ausgezeichneten Geschmacks der wohlentwickelten Brust auch zum begehrten Wildpret geworden. Trotz intensiver Bejagung nimmt ihr Bestand aber weiter zu. In manchen Gegenden hat sie sich so stark vermehrt, daß ganze Schwärme großen Schaden an der Feldflur anrichten. Besonders Rosenkohlsaat ist ein begehrter Leckerbissen der Ringeltaube. Daneben vertilgt sie aber Unmengen von Unkrautsamen, Nacktschnecken und Kerbtieren und gleicht somit zum Teil den Schaden wieder aus.

Feldkennzeichen unserer mit vierzig Zentimetern längsten heimischen Taube sind ein weißer Fleck an den Halsseiten und weiße Flügelbinden. Wie alle Tauben, kann auch die Ringeltaube saugend trinken – sie muß nicht, wie fast alle anderen Vogelarten, jeden Schluck durch Anheben des Kopfes in die Kehle gleiten lassen.

Ihr dumpfes „Rucksen", ein oftmals wiederholtes „gu-guh-ru, gu-gu", zeigt ihre Brutstimmung an und ist dem Gesang der Singvögel vergleichbar. Das Nest aus verschiedenen Reisern steht in unterschiedlicher Höhe versteckt am Stamme starker Bäume. Manche Paare verwenden auch alte Eichhornkobel als Nestunterlage. Beide Eltern teilen sich gleicherweise ins Brutgeschäft. Die Jungen schlüpfen nach etwa sechzehn Tagen und wiegen bei der „Geburt" bloß vierzehn Gramm. Wenn sie nach drei oder vier Wochen das Nest verlassen, hat sich ihr Gewicht bereits verdreifacht. Ausgewachsene Ringeltauber wiegen oft mehr als ein Pfund.

# TÜRKENTAUBE
## *Streptopelia decaocto*

Wenn wir die Türkentaube am Futterplatz im Park oder auf belebten Straßen beobachten, fällt es schwer zu glauben, daß dieser zutrauliche Vogel noch vor dreißig Jahren in unserer heimischen Tierwelt gefehlt hat. Seine Ausbreitung über die Mitte, den Norden und Westen Europas innerhalb der kurzen Zeitspanne von zwanzig Jahren ist eines der bemerkenswertesten und meistdiskutierten Phänomene in der Geschichte unserer Vogelwelt. Von ihrer ursprünglichen Heimat Indien aus kam die Türkentaube über Kleinasien bereits im 18. Jhdt. in die europäische Türkei. Von der mohammedanischen Bevölkerung streng geschützt, besiedelte sie im vorigen Jahrhundert auch Serbien, Bulgarien und Griechenland. Nach dem Rückzug der Türken aus diesen Provinzen nahm der Bestand der Türkentaube Ende des 19. Jhdts. durch Verfolgung rapide ab. Erst zwischen 1900 und 1920 erholte sich ihr Bestand wieder. 1934 wurde die erste Türkentaube aus Ungarn gemeldet. Im Laufe der 30er Jahre verbreitete sie sich dann explosionsartig, mit raschen Vorstößen nach Westen und Norden. 1943 brütete sie zum ersten Mal in Wien; 1948 erreichte sie sowohl Breslau als auch Regensburg, tauchte bereits 1950 in Holland auf und überquerte 1952 den Ärmelkanal. Schon drei Jahre später meldeten Vogelforscher erste Bruten aus Großbritannien. Die genauen Gründe für diese rasche Verbreitung sind bis heute noch nicht ganz geklärt. Wahrscheinlich haben genetische Veränderungen das Abwandern aus dem Ursprungsgebiet ermöglicht. Zunächst besiedelte die Türkentaube den Lebensraum, den sie in ihrer Heimat bewohnte: lockere Wälder oder Parklandschaften. Heute ist sie uns als typischer Kulturfolger bekannt und fehlt in kaum einer Stadt. Ihr Gesang, ein grelles „gu-guh-gu", auf der zweiten Silbe betont, ist zu jeder Jahreszeit zu hören. Das deutet darauf hin, daß Türkentauben in der Lage sind, auch im Winter zu brüten. Die Fähigkeit, bis zu fünf Jahresbruten großzuziehen, mag wohl eine der Ursachen dafür sein, daß ihre Zahl innerhalb ihres Verbreitungsgebietes so rapide zugenommen hat und die Art bis nach Skandinavien vorgedrungen ist.

Als Unterlage für die sehr dünne Nestplattform benutzen Türkentauben sehr häufig Astgabeln in Laub- oder Nadelbäumen, manchmal aber auch Mauervorsprünge oder Leuchtreklamen an Gebäuden. Männchen und Weibchen brüten vierzehn Tage lang auf den zwei Eiern. Wie alle Tauben sondern sie zur Aufzucht der frischgeschlüpften Nestlinge die sogenannte Kropfmilch ab. Dieses sehr fett- und eiweißhaltige Sekret besteht in der Hauptsache aus abgestoßenen Zellen des Kropfes. Wenn die Jungen etwa eine Woche alt sind, verfüttern die Altvögel zusätzlich Körner und Grünfutter.

# TURTELTAUBE
## *Streptopelia turtur*

Diese reizende kleine Taube leitet ihren deutschen wie auch ihren lateinischen Namen von ihrem weichen, gurrenden Balzruf „turr-turr" her. Dieser einschläfernde Ruf, den jeder, der ihn kennt, mit der Vorstellung von Sommer und Heuernte verbindet, erklingt zum ersten Mal Ende April, wenn die Tauben aus ihren Winterquartieren im tropischen Afrika zurückkehren. Ihr Zug ist unauffällig, da Turteltauben nachts ziehen. Bis zum Tage ihres Rückflugs in den Süden etwa im September halten sie sich paarweise oder im Familienverband in Wäldern, mancherorts auch in Parkanlagen auf. Auf Brachäckern oder am Waldrand suchen sie nach Nahrung, hauptsächlich nach Sämereien. Zum Zug sammeln sie sich in größeren Gruppen, die Jungvögel zuerst. Aufgeschreckt, erheben sie sich blitzschnell und zeigen ihre rostbraunen Rücken und gefächerten Schwänze mit dem schmalen weißen Saum. Die Bewegung der schlanken, spitzen Flügel ist rasch und ruckartig. Auf ihren Sitzwarten, totem Geäst einzeln stehender Bäume, Telegraphendrähten oder dergleichem, wirken Turteltauben mit ihren kleinen Köpfen, dünnen Hälsen, der rötlichgrauen Brust und dem schwarzweißgebänderten Fleck an den Halsseiten erstaunlich schlank und zierlich.

Turteltauben legen ihre Nester in geringerer Höhe an als andere Tauben. Sie bevorzugen zum Nisten dichtes Gebüsch und Jungwuchs von Bäumen, wenn dieser von Schlingpflanzen durchwachsen ist. Das Nest, eine einfache Plattform aus dünnen Zweigen, steht meist frei in einer Astgabel oder von seitlichen Ästen gestützt. Zwischen Mitte Mai und Anfang Juni werden zwei kleine, weiße Eier gelegt. Die bedunten Jungen schlüpfen wie bei der Türkentaube nach vierzehn Tagen, nach weiteren drei Wochen verlassen sie das Nest. In den wärmeren Gebieten Mitteleuropas, ziehen Turteltauben auch ausnahmsweise zwei Bruten groß. Den später flügge gewordenen Jungvögeln bleibt dann keine Zeit mehr, wie unsere übrigen Tauben im Herbst zu mausern. Sie wechseln ihr Federkleid erst im Winterquartier oder setzen dort die unterbrochene Mauser fort.

# KUCKUCK
## *Cuculus canorus*

Der Kuckuck ist eine Vogelart, die wegen ihrer Gewohnheit, ihre Jungen von anderen Vögeln aufziehen zu lassen, jedermann dem Namen nach bekannt ist. Die wenigsten aber werden den Kuckuck erkennen, wenn sie ihm draußen begegnen. Meist bekommt man nur fliegende Kuckucke zu Gesicht, die wegen ihrer spitzen Flügel, des gebänderten Unterkörpers und des verhältnismäßig langen Schwanzes vielfach für Sperber oder Falken gehalten werden. Seinen Gesang jedoch, den der Kuckuck von Mitte April an zum ersten Mal erschallen läßt, wenn er aus seinem Winterquartier im tropischen und südlichen Afrika heimgekehrt ist, kennen alle. Weniger bekannt ist ein zweiter Ruf des Männchens, ein heiseres „hachachach", während das Weibchen manchmal hell gluckernd „kwickwickwick" ruft. Männchen treffen in der Regel etwa eine Woche vor den Weibchen ein, meist im Wohngebiet des Vorjahrs. Männchen und Weibchen besetzen voneinander unabhängige Reviere. Oft wohnen im Revier eines Männchens mehrere Weibchen oder auch umgekehrt. Eine Ehe führt der Kuckuck nicht. Das begattete Weibchen sucht sein ziemlich ausgedehntes Revier nach geeigneten Wirtsnestern ab, in die es ein Ei legen kann. Jedes Individuum wählt dabei Zeit seines Lebens immer die selbe Art als Wirtsvogel. Da die Eier des Kuckucks meist so aussehen wie die des Wirts, spricht der Fachmann von biologischen Kuckucksrassen, etwa der Zaunkönigsrasse, der Teichrohrsängerrasse oder der Neuntöterrasse. Von mehr als fünfzig Vogelarten weiß man, daß sie regelmäßig vom Kuckuck parasitiert werden. Zu den häufigsten Wirten gehören verschiedene Pieper, die Bachstelze und mehrere Grasmückenarten, ebenso die nebenstehend abgebildete Heckenbraunelle. Im Verhältnis zur Größe des Kuckucks sind seine Eier klein. Hat der Kuckuck sein Wirtsnest erspäht, entfernt das Weibchen mit dem Schnabel ein Ei aus dem Nest und legt an seine Stelle das eigene. Der junge Kuckuck schlüpft nach zwölfeinhalb Tagen, meist früher als der Wirtsvogel. In den ersten vier Lebenstagen zeigt er den starken Trieb, alle im Nest befindlichen Eier oder Jungvögel zu entfernen. Mit flachgedrücktem Rücken schiebt er, noch völlig nackt und blind, alles, was in seine Reichweite kommt, rückwärts kriechend über den Nestrand.

Die Stiefeltern haben es oft sehr schwer, den riesengroßen Jungkuckuck satt zu bekommen. Es sieht recht komisch aus, wenn ein fast flügger Kuckuck aus dem winzig klein wirkenden Teichrohrsängernest quillt oder ein zierlicher Zaunkönig beinahe ganz im aufgerissenen Rachen seines Stiefkindes verschwindet. Drei Wochen bleibt der Jungkuckuck im Nest; oft wird er noch drei Wochen nach dem Ausfliegen weitergefüttert. Früher als die meisten Zugvögel, oft schon im Juli oder August, verlassen die alten Kuckucke, da sie ja keine Jungtiere großzuziehen brauchen, unser Gebiet. Jungkuckucke bleiben vereinzelt bis in den September bei uns.

# STEINKAUZ

## *Athene noctua*

Der kleine Steinkauz haust in alten Baumbeständen oder im Mauerwerk von Gehöften, in Ruinen und dergleichen. Weil er, im Gegensatz zu den meisten übrigen Eulenarten, auch tagsüber aktiv ist, zählt er zu den bekanntesten Vertretern seiner Familie. Auch seinen wie „glück" klingenden Gesang und ein mehrsilbiges Kläffen trägt er häufig am Tage vor, manchmal mehrere Stunden hindurch im Duett mit seiner Partnerin. Als Singwarten benutzt er mit Vorliebe alte Zaunpfosten oder Baumstrünke. Er fliegt bei Annäherung eines Menschen nicht unmittelbar ab; seine starke Erregung drückt er dann durch Knicksen, Schwanzwippen und „auf der Stelle hüpfen" aus. Erst im letzten Augenblick fliegt er in langsamem, wellenförmigem Fluge ab, ein wenig an eine schwanzlose, plumpe Misteldrossel erinnernd. Im Sitzen wirkt der knapp zweiundzwanzig Zentimeter lange Steinkauz untersetzt und gedrungen – eine Federkugel mit strengem Gesichtsausdruck, den ihm seine schwefelgelben Augen und der brauenförmige weiße Federkranz verleihen. Als ständiger Begleiter der Stadtgöttin von Athen galt der Steinkauz schon im klassischen Altertum als Symbol von Klugheit und Weisheit. Das häufige Auftreten der Art in Athen spiegelt sich noch heute in dem bekannten Sprichwort wider: „Das hieße Eulen nach Athen tragen". In Mitteleuropa ist der Steinkauz ziemlich lückenhaft verbreitet; sein Bestand nimmt vielerorts ab. Manche Vogelforscher schreiben dies besonders harten Wintern zu, in denen er zu wenig Insekten, Würmer oder Mäuse findet. Manche machen das Ausholzen der alten Obstbäume, in denen Steinkäuze mit Vorliebe brüten, dafür verantwortlich. Steinkäuze leben in Dauerehe, sie bleiben auch im Winter stets paarweise zusammen. Anfang Mai legt das Weibchen seine drei bis fünf weißen Eier. Es brütet achtundzwanzig Tage lang; am Füttern der geschlüpften Jungen beteiligt sich auch das Männchen. Junge Steinkäuze verschlingen ihre Nahrung wie die Altvögel mitsamt den unverdaulichen Bestandteilen. Knochenreste, Haare und harte Panzer von Käfern stoßen die Jungen bereits von den ersten Lebenstagen ab als „Gewölle" aus.

# WALDKAUZ
*Strix aluco*

Der schwarzäugige Waldkauz ist die häufigste unserer heimischen Eulenarten. Obwohl der knapp krähengroße Kauz mit dem runden Kinder-
gesicht gerne in der Nähe des Menschen brütet – mit Vorliebe in Gärten
und Parks mit alten, hohlen Bäumen, aber auch Dachböden – haben nur
wenige von uns den Vogel jemals zu Gesicht bekommen; denn er ist ein
Nachttier, das den Tag versteckt im dichten Laub der Bäume verbringt
und erst in der Abenddämmerung zum Beutemachen ausfliegt. Wie alle
Eulen sieht der Waldkauz auch bei schwachem Licht noch ausgezeichnet,
verläßt sich aber bei der Jagd hauptsächlich auf sein besonders fein entwik-
keltes Gehör. Mäuse und andere kleine Säugetiere stehen an oberster
Stelle auf seinem Speisezettel. Sind diese knapp, fängt er auch Kleinvögel;
so steht ihm auch in kalten, schneereichen Wintern ausreichend Nahrung
zur Verfügung, auf die er ausweichen kann.

Wohl allen bekannt ist der gellende „kju-witt"-Ruf des Kauzes, der von
abergläubischen Leuten als „komm mit (zum Friedhof)" gedeutet wird
und dem Kauz den Beinamen Totenvogel eingetragen hat. Viele kennen
vielleicht auch seine schaurig klingende Balzstrophe „huh-huh, huhuhu",
die schon lange vor Frühlingsbeginn bis in den frühen Sommer hinein nach
Einbruch der Dunkelheit ertönt.

Das Waldkauzmännchen ist einer einmal gewählten Partnerin ein Leben
lang treu. Während der vier Wochen dauernden Brut versorgt er sie in der
Bruthöhle mit Nahrung und beteiligt sich bis zuletzt an der Aufzucht der
Jungen. Meist ziehen Waldkäuze drei oder vier Junge groß, in Jahren mit
geringem Nahrungsangebot werden auch weniger Eier gelegt, oder das
Paar kann mit der Brut aussetzen. Im Alter von dreißig Tagen verlassen
die Jungen das Nest, noch völlig im Dunenkleid und meist noch nicht voll
flugfähig. Wer, durch das Schimpfen der Singvögel aufmerksam geworden, einen Jungkauz findet, sollte ihn ungestört sitzen lassen. Die Altvögel
warten ganz bestimmt in sicherem Abstand, bis sich der Eindringling
wieder entfernt hat.

# GRÜNSPECHT
## *Picus viridis*

Im Gegensatz zum Buntspecht und den meisten anderen Spechtarten hat sich der Grünspecht auf die Nahrungssuche am Boden spezialisiert. Da viele Leute Spechte nur auf Bäumen vermuten, ist für sie der Anblick des großen grünen Vogels mit der roten Kappe auf der Wiese oder am Waldboden so ungewöhnlich, daß sie ihn gar nicht als Specht erkennen. Seine Lieblingsnahrung sind Ameisen; im Winter sind es vor allem die leicht zugänglichen Nester der Roten Waldameise, die er plündert. Mit seiner langen, klebrigen Zunge, die er fast zehn Zentimeter weit aus dem Schnabel vorstrecken kann, holt er die Ameisen und ihre Brut aus den Gängen ihrer Bauten. In besonders strengen Wintern, wenn der Boden lange Zeit gefroren ist, erleidet der Grünspecht oft starke Verluste, obwohl berichtet wird, daß er bis zu fünfundsiebzig Zentimeter tiefe Löcher in die gefrorenen Ameisenhaufen hacken kann.

In Aussehen und Verhalten ähnelt er seinem nächsten Verwandten, dem selteneren und kleineren Grauspecht, der in Mitteleuropa hauptsächlich im Berg- und Hügelland vorkommt. Der Grauspecht unterscheidet sich vom Grünspecht durch den überwiegend grauen Kopf; nur beim Männchen ist der Vorderscheitel rot gefärbt. Beim Grünspecht hingegen tragen beide Partner eine viel ausgedehntere rote Kappe; das Männchen unterscheidet sich durch einen roten Bartstreif vom Weibchen, bei dem, wie bei beiden Geschlechtern des Grauspechtes, der Bartstreif schwarz gefärbt ist. Auch der Balzgesang beider Arten klingt recht ähnlich. Während das „gügügü" des Grünspechtes mehr wie ein Lachen oder Wiehern klingt, worauf der Volksname „Maifüllen" für diesen Specht zurückgeht, hört sich der langsamere Ruf des Grauspechtes, der am Ende in der Tonhöhe absinkt, eher melancholisch an. Beide Arten trommeln wenig (siehe Buntspecht), der Grünspecht noch seltener als sein grauköpfiger Verwandter. Die Paarbildung findet bereits Ende Februar statt. Die fünf bis sieben Eier liegen ohne Nistmaterial auf dem Boden der Höhle. Die Brut dauert zirka sechzehn Tage.

# BUNTSPECHT
## *Dendrocopos major*

Dieser hübsche Specht ist der bekannteste und vielerorts der häufigste aus seiner Familie. Sein Bild, wie er einen Baumstamm hinaufhüpft, auf seinen steifen Schwanz gestützt, hie und da die Rinde mit einem kräftigen Schnabelhieb vom Stamm lösend, haben wohl die meisten vor Augen, wenn sie sich einen Specht vorstellen. Ihm genügen schon ein paar Birken oder Buchen mit abgestorbenen Ästen, um sich auch in Parkanlagen oder Gärten einzufinden. Im Gebirge bewohnt er vielfach reine Kiefern- oder Fichtenwälder, sonst findet man ihn in Laub- und Mischwäldern verschiedenster Art: Buntspechte sind in der Auswahl ihres Lebensraumes nicht sehr anspruchsvoll. Ihre Reviere, innerhalb deren Grenzen sie nach Nahrung suchen und auch ihre Bruthöhlen meißeln, sind groß: etwa fünfzig Hektar beansprucht ein Buntspechtpaar für sich allein.

Der Buntspecht ernährt sich überwiegend von Holzkäferlarven. Mit der verhornten, von Widerhäckchen besetzten Zunge „harpuniert" er sie aus ihren Fraßgängen knapp unter der Baumrinde. Daneben liest er Spinnen und Insekten vom Geäst und verschmäht auch Fallobst und Sämereien nicht. Im Winter lebt der Buntspecht fast ausschließlich von Zapfen, Nüssen und fetthaltigen Samen, die er sich auch gerne vom Futterbrett holt. Diese harten Futterbrocken trägt der Specht in seine „Schmiede", wo er die Schale öffnet und den Kern verzehrt. Als Schmiede benutzt er Spalten in der Rinde, Astgabeln oder selbst in den Baum gehackte Öffnungen, in die sich Futterbrocken gut einklemmen lassen.

Der Buntspecht ist ein ausdauernder Flieger. Sein Flug ist, wie bei den meisten Spechtarten, wellenförmig. Während der Balz jagt das Männchen sein Weibchen unter lautem Rufen im Revier umher. Sein eigentlicher Gesang, der von Januar bis Mai weit durch die Wälder hallt, ist das „Trommeln". Der Specht erzeugt diesen Laut durch rasches Anschlagen des Schnabels gegen eine besonders stark nachhallende Unterlage, meist gegen weiches Holz. Beide Gatten eines Buntspechtpaares zimmern die Nisthöhle und brüten etwa vierzehn Tage. Die vier bis acht Nestlinge sind mit drei Wochen selbständig.

# KLEINSPECHT
## *Dendrocopos minor*

Der Kleinspecht ist nur vierzehn Zentimeter lang, etwa so groß wie ein Rotkehlchen oder Sperling. Wegen seiner Kleinheit und seiner verborgenen Lebensweise hoch oben in den Baumwipfeln ist vieles aus seiner Biologie noch unbekannt. In Färbung und Gefiederzeichnung ähnelt er seinem großen Vetter, dem Buntspecht, von dem er aber außer an seiner Körpergröße durch das Fehlen der roten Unterschwanzdecken leicht zu unterscheiden ist. Er ist wie unsere übrigen Spechte „Standvogel" – er bleibt auch über den Winter im Brutgebiet. Mit der Balz beginnt er daher schon zeitig im Frühjahr. Sowohl Männchen als auch Weibchen trommeln. Ihre Balzspiele, bei denen sie schmetterlingsartig von Baum zu Baum fliegen, können wir nur selten beobachten.

Der Lebensraum des Kleinspechtes sind halboffene Landschaften, lichte Au- und Mischwälder oder Parks und Obstgärten. Seine Höhlen legt er in möglichst weichen oder morschen Bäumen an. Die Bruthöhle ist nur zehn oder zwölf Zentimeter breit und höchstens zwanzig Zentimeter tief. Das drei Zentimeter weite Flugloch hält aber die meisten Feinde vom Plündern ab. Das Gelege enthält in der Regel fünf glänzend weiße Eier. Die Jungen schlüpfen vermutlich nach zehn Tagen und verlassen mit drei Wochen die Höhle. Wahrscheinlich werden sie bald nach dem Ausfliegen von den Altvögeln aus dem Brutrevier vertrieben.

Über die Nahrung des Kleinspechtes wissen wir noch recht wenig. Er verzehrt Kerbtiere aller Art, wie er sie gerade zu den einzelnen Monaten in den Baumkronen seines Reviers vorfindet. Seine Beute hängt also vom jahreszeitlichen Angebot im jeweiligen Biotop ab. Im Winter schließt er sich gerne Meisenschwärmen oder Kleibern an, unter denen er nur durch seinen bogenförmigen Flug auffällt. Ans Futterbrett kommt er nur selten, so daß wir ihn auch im Winter kaum zu sehen bekommen; das einzige Zeichen, das seine Gegenwart untrüglich anzeigt, sind seine hell klingenden, schnellen „ki-ki-ki"-Rufe.

# WENDEHALS
## *Jynx torquilla*

Seiner Abstammung nach gehört der Wendehals zu den Spechten, wenn er auch in Färbung, Aussehen und Verhalten zum Teil stark von ihnen abweicht. Ihm fehlt zum Beispiel der kräftige Meißelschnabel; außerdem ist der für Spechte so typische steife Stützschwanz beim Wendehals weich und rund ausgebildet. Deshalb haben ihn manche Wissenschaftler auch einer eigenen Familie zugeordnet. Andere stellen ihn wiederum in eine Unterfamilie der Spechte, weil bei ihm die Füße nach Spechtart mit „Kletterzehen" ausgestattet sind, das heißt, zwei Zehen zeigen nach vorne und zwei nach hinten. Wie ein Specht erbeutet er seine Nahrung mit der langen Zunge entweder vom Boden oder vom Geäst der Bäume und Büsche. An Baumstämmen klettert er nur sehr selten.

Der deutsche wie der lateinische Name des Wendehalses verweisen auf die eigenartigen Kopfbewegungen, die er als Droh- und Schreckgesten aber auch während der Balz ausführt: mit gesträubten Federn zieht er Kopf und Hals ein, läßt ihn dann wieder vorschnellen oder dreht ihn seitlich hin und her. Dabei stößt er ein lautes Zischen aus.

Sein Gesang ist ein rauhes, gleichmäßiges „käh-käh-käh" und ähnelt dem Ruf des Kleinspechtes. Wendehälse singen, sobald sie aus ihren tropischen Winterquartieren bei uns eintreffen. Paarungsbereite Weibchen beantworten die Balzstrophe des Männchens mit denselben Rufen; gemeinsam wählen sie die Bruthöhle. Wer beim Herrichten der Brutstätte der aktivere Teil ist, wissen wir bis jetzt noch nicht, da sich Männchen und Weibchen im Gefieder nicht voneinander unterscheiden lassen. Da Wendehälse nicht in der Lage sind, ihre Höhle selbst zu zimmern, dürfen sie bei der Wahl des Brutbaumes nicht sehr wählerisch sein. Auch verjagen sie andere Höhlenbrüter wie Sperlinge, Stare oder Meisen aus den Nestern und zerstören deren Gelege. Zwischen Verpaarung und Ablage des ersten Eies vergehen meist zwei oder drei Wochen. Das Vollgelege des Wendehalses besteht aus mindestens acht Eiern. Die Brutdauer beträgt im Durchschnitt vierzehn Tage, beide Partner lösen sich beim Brüten wie auch später beim Füttern der Jungtiere ab. Junge Wendehälse werden fast ausschließlich mit Ameisenpuppen großgezogen. Der Literatur zufolge verschlingt eine Wendehalsbrut bis zu zwölftausend Stück am Tag. Die durchschnittliche Nestlingszeit dauert einundzwanzig Tage; zehn bis vierzehn Tage nach dem Ausfliegen löst sich die Familie auf und verläßt das engere Brutgebiet. Erste Wanderungen in den Süden können bereits Ende Juli einsetzen, spätestens im Oktober haben alle Wendehälse unser Gebiet verlassen.

Ziehende Individuen halten sich oft in der Nähe von Weideland auf, wo sie gerne auf Zaunpfosten Rast machen. Durch ihre rindenfarbene „Schutzfärbung" sind sie wie die Waldschnepfen und Waldkäuze nur sehr schwer zu entdecken.

# BACHSTELZE
*Motacilla alba*

Stelzen sind langschwänzige, insektenfressende Singvögel, die gerne in Höhlungen brüten. Unsere Bachstelze hält sich bevorzugt in der Nähe von Gewässern auf. Sie ist kontrastreich schwarz, weiß und grau gefärbt und wippt ständig mit ihrem langen schwarzen, weiß gesäumten Schwanz. Trotz dieser guten Feldkennzeichen hat sie schon manche Verwirrung unter den Vogelfreunden gestiftet, denn sie stellt eine überwältigende Vielfalt an Federkleidern zur Schau, bei denen die Grundfarben jeweils unterschiedlich verteilt sind. Männliche Bachstelzen aus unserem Gebiet sind zur Brutzeit auf dem Rücken grau; an Kehle, Kropf, Kopfplatte und Nacken schwarz gefärbt. Eine weiße „Gesichtsmaske", weiße Brust und Bauch, sowie bräunlichschwarze Flügel runden das Erscheinungsbild ab. Weibchen sind nicht so kontrastreich gezeichnet, ihre schwarzen Gefiederpartien meist grau verwaschen. Im Herbst mausern Bachstelzen in ein Ruhekleid, bei dem die Kehle nicht mehr schwarz sondern weiß und das schwarze Kropfband schmal hufeisenförmig ausgebildet ist. Der Fachmann kann sogar ein- und mehrjährige Bachstelzen an der Stirn- und Flügelfärbung des Ruhekleides auseinanderhalten. Außerdem kennen wir noch das Jugendkleid gerade flügger Bachstelzen, das bis zum erstern Federwechsel im Herbst getragen wird: ihr Gefieder ist schmutzigbraun mit einem dunkleren Kropfband. Zudem haben Bachstelzen „Rassen" gebildet; das sind „Populationen" innerhalb des Verbreitungsgebietes, die sich in Größe und Färbung voneinander unterscheiden. Rechts sehen wir die vorwiegend in England verbreitete, wegen ihrer völlig schwarzen Oberseite „Trauerbachstelze" genannte Rasse abgebildet. Zur Zugzeit, vor allem im Oktober und März können wir gebietsweise beiden Formen nebeneinander begegnen.

Bachstelzennester sind in allen möglichen Löchern oder Nischen untergebracht. Fünf bis sechs Eier bilden ein Gelege, das zwölf Tage vom Weibchen bebrütet wird. Beide Gatten füttern, die Jungen verlassen mit zwei Wochen das Nest und sammeln sich in kleinen Gesellschaften. Auf dem Zug kann man sie oft scharenweise im Schilfrohr beobachten.

# SEIDENSCHWANZ
## *Bombycilla garrulus*

Der Seidenschwanz brütet in den Nadelwäldern Nord- und Mittelskandinaviens sowie in Nordrußland. Unser Gebiet besucht er in geringer Zahl nur als Wintergast, meist von Oktober bis April. Nur wenn in seinem Winterquartier die Beeren der Eberesche, seine Lieblingsnahrung, knapp geworden sind, zieht er in größeren Scharen weiter süd- und westwärts. Unabhängig vom Nahrungsangebot scheinen Seidenschwänze außerdem etwa alle zehn Jahre ihr Brutgbiet nach Süden hin auszudehnen. Ganze Schwärme von Vögeln kommen dann bis in unsere Parkanlagen, um nach geeignetem Beerenfutter zu suchen. Die zutraulichen Vögel mit dem glatten seidigen Gefieder und dem rötlichen Schopf fallen wegen ihres exotischen Äußeren jedem sofort auf. Solche „Invasionsvögel" kehren im Gegensatz zu Tieren auf dem Zug nicht mehr ins Brutgebiet zurück, sondern versuchen, im nächsten Frühjahr im Winterquartier zu brüten. Übersommernde Exemplare können dann auch bei uns beobachtet werden; eine sichere Brut aus unserem Gebiet, zumindestens aus dem westlichen Raum, ist bisher nicht bekannt.

# GARTENGRASMÜCKE
## *Sylvia borin*

Ein Großteil der auf den nächsten Seiten besprochenen Singvogelarten (von der Gartengrasmücke bis zur Misteldrossel) gehört zu einer einzigen umfangreichen Verwandtschaftsgruppe, den „Sängern" oder Muscicapiden, die manchmal sogar als eine Familie gewertet werden. Ihr Name „Sänger" deutet schon an, daß wir unter ihnen die ausdauerndsten und besten Musikanten finden. Auch die etwas farblose, düsterbraune Gartengrasmücke ist eine gute Sängerin. Der vierzehn Zentimeter lange Vogel hält sich hauptsächlich im dichten Unterholz von Wäldern auf und ist kein häufiger Gartenbewohner, wie man aus seiner deutschen Bezeichnung irrtümlich folgern könnte. Von vielen Leuten wird er vermutlich nur wegen seines hervorragenden klaren Gesanges bemerkt. Schmetternd trägt die Gartengrasmücke eine reiche Folge kehliger und tiefer sowie klarer, hoher Töne vor. Ihre Strophen sind lang und gleichmäßig, mitunter imitiert sie auch Stimmen anderer Arten. Im Gesang wie auch in der Wahl des Lebensraumes gleicht die Gartengrasmücke der nahe verwandten Mönchsgrasmücke. Ihr fehlt aber deren charakteristischer „Überschlag" am Ende jeder Liedstrophe (siehe die nächste Art).

Die Männchen kommen bereits früher aus den Winterquartieren in Äquatorial- und Südafrika. Sie besetzen ein Nistrevier und singen, bis sich ihnen ein Weibchen zugesellt. Gemeinsam wählen sie eines der vielen in der Zwischenzeit vom Männchen roh vorgefertigten Nester und kleiden es fertig aus. Ende Juni ist das Gelege meist komplett. Die Eier können recht unterschiedlich gefärbt sein: auf weißem, rosa, graugrünem oder beigem Grund treten rote, braune oder auch graue Flecken in größerer oder geringerer Dichte auf. Die Jungen schlüpfen nach dreizehn oder vierzehn Tagen, ihre Nestlingszeit beträgt etwa zwölf Tage. Bereits im August beginnen die Grasmücken südwärts zu ziehen; etwa im Oktober treffen die ersten im südlichsten Überwinterungsgebiet, im Kapland, ein.

# MÖNCHSGRASMÜCKE
## *Sylvia atricapilla*

Die meisten Mönchsgrasmücken oder Schwarzplatten überwintern im Mittelmeerraum. Nur ein kleiner Teil der europäischen Population wandert bis ins tropische Afrika. Daher pflegt sie die erste Grasmückenart zu sein, die wieder ins Brutgebiet heimkehrt. Frühankömmlinge können bereits in den letzten Märztagen eintreffen. In letzter Zeit hat ein Teil der nordeuropäischen Population, überwiegend weibliche Tiere, versucht, in Südengland zu überwintern. Sie konnten im klimatisch milden Küstengebiet wiederholt an Futterkästen beobachtet werden.

„Hahn" und „Henne" sind verschieden gefärbt: Weibchen tragen rotbraune Kopfplatten, die der Männchen (siehe Zeichnung) sind tiefschwarz. Das restliche Gefieder ähnelt dem der Gartengrasmücke.

Auch beim Schwarzplättchen treffen die Männchen vor den Weibchen ein und locken diese durch beharrliches Singen ins Revier. Balzende Hähne stellen die Kopffedern auf, sträuben ihr Rückengefieder und fächern wiederholt die Schwänze. Dabei singen sie: zunächst leise zwitschernd, dann allmählich lauter werdend, bis das Lied mit einem voll flötenden, „orgelnden" Schlußteil, dem „Überschlag", endet. Zu Beginn der Brutperiode ist der Gesang besonders wohltönend, gegen Ende der Fortpflanzungsperiode beginnt er „abzuschleifen", oft werden nur mehr unvollständig vorgetragene Überschläge aneinandergereiht.

Der Lebensraum der Mönchsgrasmücke ist die Strauchschicht im Unterholz der Wälder. Sie bewohnt aber auch Nadelwaldschonungen und geht öfter in Gärten als die Gartengrasmücke. Nester und Gelege gleichen denen der vorigen Art und sind manchmal nur am Neststandort zu erkennen. Mönchsgrasmücken errichten ihre Nester tiefer als Gartengrasmücken, bis höchstens zwei Meter über dem Erdboden. Beide Gatten brüten vierzehn Tage lang; die fünf Jungvögel fliegen nach zwölf Tagen aus. Im Spätsommer, vor dem Abwandern ins Winterquartier, nehmen sie wie auch die anderen Grasmückenarten neben Insekten gerne Beeren und Früchte zu sich. Ende Oktober haben die meisten unser Gebiet verlassen.

# FITIS
## *Phylloscopus trochilus*

Fitis und Zilpzalp (der umseitig beschrieben wird) sind sogenannte „Zwillingsarten"; sie sind einander in Aussehen und Verhalten zum Verwechseln ähnlich. Zwillingsarten sind evolutionsgeschichtlich meist jung, das heißt, ihre Entwicklung zu eigenständigen Arten aus einer gemeinsamen Stammform hat, in erdgeschichtlichen Zeitmaßstäben gemessen, „eben" erst stattgefunden. Trotzdem sind diese neuen Arten sehr wahrscheinlich mehr als hunderttausend Jahre alt.

Der Fitis bewohnt lichte, unterwuchsreiche Wälder von Skandinavien bis Südeuropa und ist in ganz Mitteleuropa häufiger Brutvogel, stellenweise sogar der häufigste Singvogel überhaupt. Ab Mitte April kehrt er aus seinem Winterquartier im tropischen und südlichen Afrika heim, nordische Vögel durchqueren bis zum Juni unser Gebiet. Von seinem ebenfalls elf Zentimeter messenden Zwillingsbruder, dem Zilpzalp, unterscheidet er sich nur durch hellbraune statt schwarzbraune Füße und seinen leise flötenden weichen und langsamen Gesang. Sein Nest steht direkt auf der Erde, er baut es gerne unter Gebüsch oder Ranken. Es ist ein überdachter Bau aus Gräsern, Moos und Flechten, innen mit feinen Halmen und Federn weich ausgepolstert. Das Weibchen legt sechs bis sieben sehr kleine gelblichweiße, rostrot gefleckte Eier, auf denen es zwei Wochen sehr fest brütet. Die Jungen werden von beiden Elternteilen aufgezogen und etwa achtzehn Tage im Nest hauptsächlich mit Raupen gefüttert. Nach dem Ausfliegen der Jungen verzehren Fitisse gerne Beeren, während sie im Sommer Blattläuse, Spinnen und eine Unzahl kleiner Käferarten zu sich nehmen, die sie aus dem Laub der Bäume lesen.

Die meisten „Sänger" – arten baden in Wasserlachen, der Fitis aber ist klein genug, um im Morgentau, der sich in einem Blatt gesammelt hat, sein erfrischendes Bad zu nehmen.

Auf dem Herbstzug, im September und Oktober, durchziehen oft stattliche Schwärme unser Gebiet. Sie singen im Gegensatz zum Zilpzalp während des Zuges nicht, sondern erst nach ihrer Ankunft im Winterquartier ab Anfang November.

# ZILPZALP
## *Phylloscopus collybita*

Der Zilpzalp trifft sehr zeitig im Frühjahr bei uns ein; wir begegnen ihm oft schon Mitte März. Denn im Gegensatz zu seinem Zwillingsbruder, dem Fitis, überwintert er nie südlicher als im Mittelmeergebiet. Sein Gefieder ist auf der Oberseite olivbraun bis olivgrün, an Bauch und Brust gelblich-weiß. Sehen wir in Park oder Wald einen Vogel dieser Färbung, der stumm im Geäst nach Nahrung sucht, ist es schwer mit völliger Sicherheit zu sagen, welchen der beiden Zwillinge wir vor uns haben. Denn auch das Merkmal der unterschiedlichen Beinfarbe ist nicht immer ganz zuverlässig. Wechselnde Lichtverhältnisse lassen dunkle Beine manchmal heller und helle dunkler erscheinen. Nur wenn der Vogel seinen Schnabel öffnet und seinen einförmigen Gesang: ,,zilp-zalp-zalp-zilp, zilp-zalp-zilp-zalp'' durch die Baumkronen schmettert, ist an seiner Identität nicht mehr zu zweifeln. Geübte Vogelkenner unterscheiden beide Arten schon an ihren Rufen, die aber auch recht ähnlich klingen. Das ,,hüid'' des Zilpzalp klingt eher einsilbig, das ,,hü-id'' der Geschwisterart deutlicher zweisilbig.

Der Zilpzalp nistet nicht direkt auf dem Boden, sein Nest steht im untersten Teil dichter Fichten, Tannen oder in Buschwerk. Zilpzalp-männchen beteiligen sich nicht am Brutgeschäft. Ihre Aufgabe beschränkt sich auf die Verteidigung des Revieres. Das Weibchen errichtet auch allein den backofenförmigen Bau des äußeren Nestes, selten hilft der Gatte beim Bau der Nestmulde. Zwei Wochen dauert die Brutzeit, weitere vierzehn Tage versorgt das Weibchen die Jungen im Nest und führt die Jungvögel nach dem Ausfliegen. Bis zur Abreise ins Winterquartier, etwa im September, bleiben die Familien zusammen, beim Abflug trennen sich die Tiere. Bei mildem, sonnigen Herbstwetter können wir bis spät in den Oktober den Gesang ziehender Zilpzalpe vernehmen. Einzelne versuchen auch im süddeutschen Raum zu überwintern, suchen aber meist im Dezember doch den Süden auf.

# WALDLAUBSÄNGER
## *Phylloscopus sibilatrix*

Der Waldlaubsänger ist der nächste Verwandte der beiden anderen Laubsänger Fitis und Zilpzalp. Er ist von den beiden „Zwillingen" leicht zu
unterscheiden, denn er ist um zwei Zentimeter größer als sie und kontrast-
reicher gefärbt. Sein Rücken leuchtet dunkelgrün, die Brust schwefel-
gelb, der Bauch schneeweiß. Zudem kommt er viel später aus dem
tropischen Afrika zurück und ist entschieden weniger häufig. In der Wahl
seines Lebensraumes ist er recht anspruchsvoll, es sind Laub- und Mischwälder des mittleren Berglandes. Ab Mai können wir dort den im
Balzflug vorgetragenen Gesang der Männchen vernehmen. Das schwir-
rende „sip-sip-sip-srrrrp" wird oft mit dem Geräusch einer auf einem
Teller kreiselnden Münze verglichen. In manchen deutschsprachigen
Gegenden heißt der Waldlaubsänger deshalb auch „Waldschwirrvogel".
Das Weibchen, das auch bei dieser Art erst nach dem Männchen eintrifft,
sucht im Revier einen geeigneten Nistplatz aus und errichtet in zwei oder
drei Tagen einen sauberen Kugelbau aus Halmen unter einem Grasbü-
schel oder Ast direkt auf der Erde. Der Eingang ins Nest ist stets seitlich
angebracht. An sechs aufeinanderfolgenden Tagen legt das Weibchen
nun je ein weißes, stark dunkelbraun gestricheltes Ei und verläßt das volle
Gelege nur mehr kurzfristig zur Nahrungsaufnahme, meist in den warmen Stunden des Tages. Nach etwa dreizehn Tagen schlüpfen die Nestlinge. Von diesem Tag an beteiligt sich auch das Männchen wieder am
Brutgeschehen. Es versorgt mit dem Weibchen die Jungen auch nach dem
Ausfliegen. Normalerweise findet nur eine Brut im Jahr statt.
Der Zug des Waldlaubsängers vollzieht sich unauffällig und beginnt
meist mit dem Abflug alleingebliebener Männchen. Der Hauptzug setzt
etwa Anfang August ein und ist bis Mitte September abgeschlossen. Im
Oktober sollen die Vögel bereits in ihren Winterquartieren von Guinea
bis zum Kongo vollzählig eingetroffen sein. Wie viele fernziehende Arten
wechselt er sein Federkleid erst nach Beendigung des Zuges zwischen
Januar und März, während der Zilpzalp sein Gefieder im August voll
durchmausert.

# WINTERGOLD-HÄHNCHEN
*Regulus regulus*

In Misch- und Nadelwäldern begegnen wir den beiden kleinsten Singvögeln unserer Heimat, den nur neun Zentimeter langen und fünf Gramm „schweren" Zwillingsarten Winter- und Sommergoldhähnchen. Beide sind charakterisiert durch die beim Männchen orangegelben, beim Weibchen goldfarbenen Scheitel. Während beim Sommergoldhähnchen ein weißlicher Streifen über und ein schwarzer durch das Auge zieht, ist das Gesicht des Wintergoldhähnchens, wie unsere Abbildung zeigt, einfarbig graugrün. Sonst gleichen sie in der Gefiederfärbung den Laubsängern, mit denen sie auch die Gewohnheit teilen, Nahrung in den Baumkronen zu suchen. Dem Menschen gegenüber zeigen sich Goldhähnchen recht unbekümmert; oft huschen sie durch Brombeerranken, während diese abgeerntet werden. Sie schwirren manchmal vor Fichtenästen, um an kleine Insekten zu gelangen, die zwischen den Nadeln sitzen.
Ihr Nest ist ein tiefer, oben fast völlig geschlossener, dickwandiger Napf aus Moos, Flechten und Spinnweben, der meist am Ende unter einem Nadelzweig befestigt wird. Im Jahr finden zwei Bruten statt; jedesmal legt das Weibchen acht bis elf mattgelbe Eier. Die Jungen schlüpfen nach etwa zwei Wochen und verlassen mit drei Wochen das Nest.
Im Gegensatz zum Sommergoldhähnchen, das jedes Jahr im Herbst nach

Südeuropa und Nordafrika zieht, bleibt das Wintergoldhähnchen das ganze Jahr im Brutgebiet. Nur manche Vögel aus nördlichen Breiten wandern bis nach Südeuropa ab. Während langer, strenger Fröste erleiden solche kleinen insektenfressenden Vögel oft schwere Verluste. Kleine Tiere müssen ja im Verhältnis zu großen viel mehr Nahrung zu sich nehmen, um ihre Körpertemperatur erhalten zu können; sie kühlen rascher aus. Die große Fruchtbarkeit (innerhalb von nur fünf Jahren könnte sich ein Paar auf mehr als dreihunderttausend Individuen vermehrt haben) wird durch die hohe Sterblichkeit wieder ausgeglichen. Jungvögel sterben im ersten Winter zu mehr als achtzig Prozent, die erwachsenen Tiere etwa zur Hälfte. Damit ist das stabile Gleichgewicht in der Zahl der Brutpaare gewährleistet.

# GRAUSCHNÄPPER
## *Muscicapa striata*

Wie bei vielen „Sängern" ist auch das Jugendkleid des Grauschnäppers gefleckt. Erwachsene Tiere tragen eine schwach längsgestreifte Brust wie der lateinische Artname „striata" andeutet. Ihr Rücken ist einfarbig graubraun; beide Geschlechter sind gleich gefärbt.

Ihre Rückkunft aus den Winterquartieren im tropischen und südlichen Afrika erfolgt meist pünktlich Anfang Mai: dann können wir sie wieder aufrecht auf ihren Warten sitzen sehen, wie sie auf vorüberfliegende Insekten lauern, um sie im Flug zu erhaschen. Sie lieben lockere Wälder als Aufenthaltsort, auch Parks und Alleen. Nur das Hochgebirge meiden sie. Mit Vorliebe nisten sie in der Nähe des Menschen, kehren sogar vielfach an den gleichen Nistplatz zurück. Aber wegen ihres unscheinbaren Äußeren und ihres leisen, wetzenden Gesanges werden sie von vielen Leuten nicht bemerkt.

Grauschnäpper sind Halbhöhlenbrüter: sie wählen als Neststandorte Mauernischen, Dachvorsprünge, Spalten oder Höhlen in Bäumen und nur selten steht ihr Nest frei auf einem Ast. Es wird sehr locker aus Wurzelwerk und Blättern errichtet, die Nestmulde selbst ist aber fest aus Tierhaaren, Federn und ähnlichem gefügt. Angaben über die Beteiligung der beiden Geschlechter am Nestbau weichen stark voneinander ab, nur selten ist das Geschlecht des bauenden Tieres genau bekannt (etwa wenn es durch farbige Fußringe markiert wurde).

Die Zahl der Eier schwankt von zwei bis sieben; im allgemeinen sind es fünf; auf bläulicher, bräunlicher oder rahmweißer Grundfarbe sind feine rotbraune und graue Sprenkel gezeichnet, die sich am stumpfen Ende des Eies verdichten. Die Jungen schlüpfen nach zwei Wochen; lange, graue Dunenfedern an Kopf, Rücken und Schenkeln verleihen ihnen ein drolliges Aussehen. Im Alter von zwei Wochen verlassen sie das Nest, die Altvögel versorgen die Jungen aber noch weitere drei Wochen nach dem Ausfliegen. Mit lauten „psihp"-Rufen versuchen sie die Eltern auf sich aufmerksam zu machen. Die Warnrufe der Alten, ein schnelles „si-tek-tek", sind in dieser Zeit besonders oft zu hören.

# TRAUERSCHNÄPPER
## *Ficedula hypoleuca*

An manchen rauhen Frühlingstagen sind in den Dünengebieten der südeuropäischen Küsten zahlreiche Trauerschnäpper zu beobachten. Erschöpft nach dem langen Flug, der sie aus dem Winterquartier im Savannengürtel des tropischen Afrika über das Mittelmeer geführt hat, genießen sie die Rast am ersten festen Landeplatz. Bald ziehen sie gesättigt weiter in die Brutgebiete bis auf einige, die den Anstrengungen des langen Zugweges erliegen.

Aufenthaltsort des Trauerschnäppers sind Laub- und Mischwälder mit alten, morschen Bäumen; er brütet auch in Gärten oder Parkanlagen, wenn er genügend hohle Stämme oder Astlöcher zum Nisten findet. Sehr gerne nimmt er Nistkästen an, – das Männchen wählt die Höhle aus, das Weibchen baut das Nest. Das Gelege besteht meistens aus sieben hellgrünen bis blaßblauen Eiern, die das Weibchen vierzehn Tage lang bebrütet. Es wird in dieser Zeit vom Männchen mit Futter versorgt. Gemeinsam zieht das Paar die Jungen groß, die schon mit vierzehn Tagen flügge sind. Ihr Federkleid ist an der Oberseite einfarbig graubraun wie beim Weibchen. Nur Männchen aus dem Norden, aus England, der Alpengegend und aus Südeuropa sind an Kopf und Rücken tiefschwarz gefärbt, Tiere aus Mitteleuropa schwarzbraun, fast wie Weibchen. Allein die weiße Stirne, das weiße Flügelfeld und die hellere Unterseite unterscheiden sie von weiblichen Tieren.

Der Trauerschnäpper hat einen sehr ähnlichen Verwandten, den Halsbandschnäpper, der aber eine weiße Schwanzwurzel und ein breites weißes Nackenband besitzt. Er ist vor allem in Südosteuropa zu Hause. An ihren Rufen sind die beiden Arten ganz leicht zu unterscheiden: der Lockruf des Trauerschnäppers klingt schwalbenähnlich „bit", der des Halsbandschnäppers weich und gedehnt „sieb". Beide zucken häufig mit den Flügeln und dem Schwanz, besonders wenn sich ein Tier beunruhigt fühlt. Die Art des Nahrungserwerbs ist beiden gleich: aufrecht sitzend beobachten sie von einem Ast aus ihre Umgebung, haschen ein vorüberfliegendes Insekt im Bogenflug und kehren auf die Sitzwarte zurück.

# GARTENROTSCHWANZ
## *Phoenicurus phoenicurus*

Der leuchtend rostrote Schwanz gab unseren beiden heimischen Rotschwanzarten, Garten- und Hausrotschwanz, den Namen. Gartenrotschwanzmännchen sind farbenprächtige Gesellen: der schwarze Kehllatz sticht deutlich vom Rot der Brust und dem schmalen weißen Stirnband ab; der Rücken ist schiefergrau. Die Weibchen sind weniger farbenfroh. Ihr Gefieder ist bis auf den rostroten Bürzel und Schwanz unauffällig braungrau. Der Biotop des Gartenrotschwanzes sind Laub- und Mischwald in offenem Gelände, gerne hält er sich in der Nähe menschlicher Siedlungen auf.

Er ist ein Halbhöhlen- oder Nischenbrüter und wählt als Neststandort Astlöcher in alten Obstbäumen, überdachte Vorsprünge an Gebäuden aber auch Reisighaufen, Erdvertiefungen und dergleichen, ja sogar in Greifvogelhorsten hat er schon genistet. Wer den freundlichen Vogel zur Ungeziefervertilgung in seinen Obst- oder Gemüsegarten locken möchte, erreicht dies durch Anbringen geeigneter Nistkästen. Sie sollten wissenschaftlichen Untersuchungen zufolge ein großes Flugloch mit einem Durchmesser von fünfundvierzig Millimetern besitzen oder einen länglich ovalen Eingang haben, so daß der Vogel aufrechtstehend bequem ein- und ausschlüpfen kann. Bald nach der Ankunft im April baut das Weibchen das Nest aus Blättern, Wurzeln und reichlich Moos und kleidet es innen mit Federn und Tierhaaren aus. Bis zu dreihundert Hühnerfedern hat man in Gartenrotschwanznestern vorgefunden! Drei bis acht Eier bilden ein Vollgelege, das Männchen beteiligt sich nur wenige Tage an der Brut. Nach durchschnittlich dreizehn Tagen schlüpfen die Jungen: nicht völlig nackt, sondern wie bei vielen „Sängern" mit je einem Dunenbüschel an Stirne, Hinterkopf und Rücken. Eifrig versorgen die Eltern ihre Jungen zwei Wochen lang von Sonnenaufgang bis in die Abenddämmerung mit Käfern und Raupen. Ausgeflogene Gartenrotschwänze tragen ein geschecktes Jugendkleid: sie sind aber am charakteristischen Zittern des roten Schwanzes, dem alarmierenden „fuit-tik-tik" und der Art, Falter im Flug zu erhaschen, leicht zu erkennen.

# ROTKEHLCHEN
## *Erithacus rubecula*

Rotkehlchen sind Teilzieher. Das bedeutet die Vögel aus dem Norden wandern alle (bis nach Afrika), aus unserem Gebiet ziehen sie nur teilweise und zwar nach Südeuropa, während die südeuropäischen Rotkehlchen stets im Brutgebiet bleiben. Schon im März kehren die Tiere, die uns verlassen haben, zurück und besiedeln Wälder und Parks mit dichtem Unterwuchs, in manchen Gegenden, besonders in England, auch buschreiche Gärten. Sie sind ausgesprochen unverträglich; im Frühjahr sind die Raufbolde besonders zänkisch. Schon ein Stück rotes Tuch im Territorium wird für einen Rivalen gehalten und bekämpft, und echte Gegner müssen häufig Federn lassen. Dick und aufgeplustert, die leuchtend orangerote Brust herausgestreckt, singen die Männchen vom Morgengrauen bis spät in die Abenddämmerung hinein. In wärmeren Gegenden, wo Rotkehlchen im Brutrevier überwintern, beginnen auch die Weibchen im Herbst zu singen und verteidigen ein eigenes Territorium. Im Frühjahr werden sie wieder schweigsam: sie konzentrieren sich ganz aufs Brutgeschäft. Ihre Nester errichten sie am Boden unter Wurzeln oder in Erdhalbhöhlen, seltener in Mauerlöchern. Sie legen fünf oder sechs rahmgelbe Eier, die fein braun gezeichnet sind und brüten zwei Wochen, bis die Jungen schlüpfen. Auch bei dieser Art versorgt das Männchen seine Partnerin am Nest mit Futter und beteiligt sich auch an der Nahrungsbeschaffung für die Jungen. Nicht selten muß es größere Jungvögel ganz allein betreuen, während das Weibchen schon mit der nächsten Brut beginnt. Junge, flugfähige Rotkehlchen im gefleckten Jugendkleid werden von ihren Eltern trotz des abweichenden Aussehens bald aus dem Revier vertrieben.

Zur Nahrungssuche hält sich das vierzehn Zentimeter lange Rotkehlchen viel am Boden auf, wo es im Fallaub nach allerlei Getier wie Spinnen, Würmern oder Schnecken sucht. Manchmal verrät nur sein ,,Schnikkern'', ein aneinandergereihtes ,,zick'', daß ein Vogel und keine Maus unter den Büschen herhuscht. Sein Warnruf ist ein dünnes ,,zih''. Es verkündet dem geübten Beobachter, daß ein Paar ganz in der Nähe brütet.

# NACHTIGALL
## *Luscinia megarhynchos*

Vom Tage ihrer Ankunft im letzten Aprildrittel bis Anfang Juli singt die Nachtigall Tag und Nacht ohne Unterbrechung – bis zu der Stunde, in der wir dem interessierten Freundeskreis das einmalige Erlebnis des Nachtigallenschlages vermitteln wollen. Bewölkung, tiefe Temperaturen und Wind hemmen ihre Gesangsaktivität, so daß in manchem naßkalten Frühjahr ihr Lied nur sporadisch erklingt, nachts oft überhaupt nicht. Nur wenige unserer heimischen Vögel singen auch während der Nacht: Heidelerche, Heckenbraunelle, Misteldrossel, Rotkehlchen und manche Rohrsängerarten, aber keiner ihrer Gesänge ist an Schönheit und Klarheit dem der Nachtigallen vergleichbar. Kein Wunder also, daß der Vogel auch Eingang in die griechische Mythologie gefunden hat. In der Sage beklagt Aedon, von Zeus in eine Nachtigall verwandelt mit ihrem traurigen Lied den Verlust ihres Kindes, das sie in tragischer Verwechslung selbst getötet hat. Ihrem Äußeren nach ist die Nachtigall ein recht unscheinbarer Vogel, etwa sechzehn Zentimeter lang, einfarbig braun mit leuchtend kastanienbraunem Schwanz. Sie lebt versteckt in feuchtem Dickicht und Laubwald. Oft kehren Paare immer ins gleiche Revier zurück. Mancher Vogelfreund erkennt „seine" Nachtigall am persönlichen Gesang wieder. Denn kein Vogel singt so wie sein Nachbar; Tonumfang, Qualität und Lautstärke variieren individuell, aber alle beginnen leise, werden lauter bis ein Ausbruch voller, süßer „Schluchzer" folgt, der bis zu einem Kilometer weit zu hören ist.

Ihr Nest ist unscheinbar und wird meist in altem Laub am Boden errichtet. Das Weibchen legt vier oder fünf olivbraune Eier hinein und brütet zwei Wochen. Das Männchen beteiligt sich später am Füttern der Jungen, auch wenn diese schon ausgeflogen sind. Nachtigallen suchen ihr Futter stets am Boden. Sie sind durch den verstärkten Einsatz von Bioziden besonders stark gefährdet, weil sie auch vergiftete Kerbtiere, die sterbend auf die Erde fallen, als Nahrung zu sich nehmen. Auch der Schwund von Feldgehölzen hat zu ihrem Rückgang beigetragen, so daß die Nachtigall aus manchen Teilen unseres Landes verschwunden ist.

# AMSEL
## *Turdus merula*

Amseln sind weder als echte Standvögel noch als richtige Zugvögel zu bezeichnen. Westliche Populationen zum Beispiel verbleiben das ganze Jahr im selben Gebiet, östliche ziehen teilweise nach Südeuropa ab. Amseln aus Skandinavien wandern jeden Winter nach Deutschland. Weibchen und Jungvögel zeigen ein ausgeprägteres Zugverhalten als Männchen; nur unter den Amseln, die ihr Brutgebiet in der Nähe des Menschen gewählt haben, gibt es in den letzten Jahren immer mehr Weibchen und Jungtiere, die dort auch überwintern. Das höhere Nahrungsangebot und der Schutz des Menschen garantieren ihnen größere Überlebenschancen. Bei „Stadtamseln" treten zum Beispiel in jüngster Zeit immer häufiger „Teilalbinos" auf, Tiere mit weißen Gefiederpartien, die als „Waldamseln" bald ausgerottet wären. Trotzdem sind „Stadtamseln" nicht so recht an ihren neuen Lebensraum angepaßt: sie können ihren Bestand nicht aus sich selbst erhalten. Untersuchungen in deutschen Städten haben unter anderem ein abnormes Geschlechterverhältnis bei der Art ergeben; zwei Männchen müssen sich ein Weibchen teilen! Ohne den ständigen Zuzug von überzähligen „Waldamseln" könnte die Stadtpopulation nicht lange bestehen bleiben.

Die Amsel ist ein Frühaufsteher. Noch vor Anbruch der Morgendämmerung klingt ihr Lied durch Wälder und Großstadtstraßen. Der schwarze Hahn mit dem leuchtend gelben Schnabel „übt" den Gesang oft schon im späten Winter. Ab Februar ist er in jeder Stadt zu hören; „Waldamseln" singen erst später im Jahr. Die Brutreviere der „Stadtamseln" sind oft sehr klein und müssen heftig verteidigt werden. Häufig können wir im Frühjahr kämpfende Amseln sehen, die einander geduckt am Boden umschleichen, sich nachlaufen und wenn keiner nachgeben will, im Luftkampf mit Schnäbeln und Füßen aufeinander losgehen. Den Nestbau besorgt das Weibchen allein, es brütet auch meistens allein seine fünf oder sechs Eier aus. Nach zwei Wochen schlüpfen die Jungen, die meist noch nicht flugfähig im Alter von vierzehn Tagen das Nest verlassen. Zwei Bruten im Jahr sind normal, ein drittes Gelege kommt seltener vor.

# WACHOLDERDROSSEL ROTDROSSEL
*Turdus pilaris · Turdus iliacus*

Diese beiden Drosselarten begegnen uns hauptsächlich im Herbst, wenn Scharen von Vögeln aus dem Norden auf dem Zug in unseren Wäldern, Gärten und auf unseren Wiesen rasten. Die Rotdrossel besucht unsere Breiten nur im Winter. Ihr Brutgebiet sind die Wälder des hohen Nordens. Viele Leute übersehen sie, weil sie unserer Singdrossel recht ähnlich sieht. Sie ist aber viel kleiner, sie mißt nur einundzwanzig Zentimeter, und ihre Flanken und Achselfedern sind kräftig rostrot. Auf Wiesen und Äckern, wo sie nach Würmern und Beeren sucht, schließt sie sich gerne an einen weiteren Wintergast, die Wacholderdrossel an. Wacholderdrosseln sind fünfundzwanzig Zentimeter lang und am blaugrauen Kopf und Bürzel leicht zu kennen. Sie waren bis vor etwa hundertfünfzig Jahren nur in Ost- und Nordeuropa zu Hause, dehnten dann aber ihr Brutareal immer weiter nach Westen aus. Besonders im süddeutschen Raum haben sie sich in größeren Kolonien angesiedelt.

Wacholderdrosseln haben eine „Tradition" entwickelt, ihre Feinde aus den Kolonien zu vertreiben: Eindringlinge, gleichgültig ob Greifvogel oder Mensch, werden von vielen Tieren gemeinsam im Sturzflug attakkiert und mit Kot bespritzt. Schon mancher Greif wurde, bis zur Unkenntlichkeit verkleistert, flugunfähig neben einer Drosselkolonie gefunden.

Die Nester stehen oft dicht nebeneinander in einem Baum; das Weibchen baut den umfangreichen Napf aus Wurzeln, Gras und Moos. Zwischen April und Juni legt es fünf oder sechs grünliche, braun getupfte Eier und brütet diese in vierzehn Tagen selber aus. Beide Partner füttern zwei Wochen lang die Jungen.

Die Rufe beider Arten sind typisch und recht einprägsam: Wacholderdrosseln rufen im Flug laut „tschack-tschack-tschack", Rotdrosseln „tschitak" und während des nächtlichen Zuges ein durchdringendes „zieh". Der Gesang der Wacholderdrosseln ist ein hartes Schwätzen; Rotdrosseln singen eine weich abfallende vier- bis sechssilbige Strophe.

# SINGDROSSEL
## *Turdus philomelos*

Einige finden das Lied der Amsel schöner, werden aber auch dem Gesang der Singdrossel Anmut und Klarheit zuerkennen. Zwei- bis fünfmal wiederholt sie jedes vorgetragene „Motiv". Gerne wird ihr Lied mit einer Aneinanderreihung von Vornamen verglichen: „Judith-Judith, Phillip-Phillip-Phillip, Lilofee-Lilofee-Lilofee-Lilofee, Victor-Victor" etc. Vielfach flicht sie Laute und Geräusche ihrer Umgebung in ihr Lied, mitunter wechseln die klaren, flötenden Motive mit wenig wohlklingenden kratzenden, gepreßten Tönen ab.

Mitte März kehren Singdrosseln aus ihren Winterquartieren zurück. (Wer im Winter einer Singdrossel begegnet, sollte prüfen, ob er nicht eine Rotdrossel vor sich hat; Singdrosseln haben eine weiße, schwarz getropfte Unterseite, rahmgelbe Achselfedern und keinen auffallend hellen Augenstreif. Sie sind mit dreiundzwanzig Zentimetern auch etwas größer als diese Art.) Sie bewohnen Wälder verschiedenster Art und brüten auch zahlreich in Parks und Gärten. Ihre Nester sind besonders kunstvoll: außen gleichen sie den Nestern anderer Drosseln, aber innen wird der Napf aus Wurzeln und Gras mit einer sorgsam geglätteten Schicht aus Holzmulm oder Lehm verkleidet. Das Drosselweibchen schafft den Holzmulm in kleinen Klumpen herbei, verteilt das gut durchfeuchtete Material über die Nestmulde und glättet sie durch vorsichtiges Drehen und Wenden des Unterkörpers. Die vier bis sechs hellblauen Eier sind schwarz gepunktet; in der Regel brütet nur das Weibchen; nach zwölf bis dreizehn Tagen schlüpfen die Jungen, die kurz vor dem Ausfliegen gerne mit Schnecken gefüttert werden. Am liebsten verzehren Singdrosseln Gehäuseschnecken, die sie immer auf denselben Steinen, den sogenannten „Drosselschmieden", zertrümmern und aus den Schalen holen.

Singdrosseln heißen in manchen Gegenden auch „Zippen" nach ihrem scharfen Lockruf „zip". Alamiert, geben sie ein lautes amselähnliches „dack" oder „gick" von sich, das bei genauem Hinhören aber gedämpfter klingt als Amseltixen.

# MISTELDROSSEL
## Turdus viscivorus

Da sie viel größer und schlanker ist als alle vorigen Drosselarten, sie ist mit siebenundzwanzig Zentimetern unsere größte, sollte die Misteldrossel unverkennbar sein. Wenn wir einmal doch unsicher sind, ob wir den Vogel richtig bestimmen konnten, gibt er sich spätestens im Flug am lauten „schnärr" und den weißen Achselfedern zu erkennen. Sein Rücken ist graubraun getönt, die Tropfen auf der rahmweißen Brust sind rundlicher und größer als bei der Singdrossel. Der Gesang ähnelt dem der Amsel, klingt aber abgehackter; die Strophen sind jeweils kürzer und weniger abwechslungsreich.

Ursprünglich bewohnten die Misteldrosseln nur Nadel- und Mischwälder. In Osteuropa sind sie diesem Lebensraum auch treu geblieben. In Westeuropa (einschließlich Nordwestdeutschlands) besiedeln sie aber in zunehmendem Maße Alleen, Parks und Gärten und neigen auch dazu, den Winter über im Brutgebiet zu bleiben. Das bessere Nahrungsangebot in der Nähe des Menschen und die günstigeren klimatischen Bedingungen erlauben dies.

Bei uns beginnt das Weibchen bereits im Februar sein Nest zu errichten. Es ist sehr locker und „liederlich" gebaut und mit nur wenig Lehm verfestigt. Es steht meist hoch in einem Baum, oft auf alten Krähenhorsten. Die Eizahl beträgt vier bis fünf, das Weibchen brütet die Eier allein aus und verläßt das Gelege nur kurzfristig zur Nahrungsaufnahme. Nach zwei Wochen schlüpfen die Nestlinge. Sie sind an Kopf und Rücken schwach befiedert und zeigen beim „Betteln" mit weitaufgerissenen Schnäbeln ihre tiefgelben Rachen und gelbe Verdickungen an den Schnabelseiten. „Sperrachen" in verschiedensten Farben und manchmal mit besonderen Mustern versehen, sind unter allen Singvögeln verbreitet. Sie sollen genauso wie die Bettelrufe der Jungen die Elterntiere zu verstärkter Futtersuche anregen. Unerfahrene Vögel stehen manchmal bei ihrer ersten Brut den frischgeschlüpften Jungen ziemlich hilflos gegenüber; mit solchen „auslösenden Reizen" verhindert die Natur, daß Altvögel ihre Brut verhungern lassen.

# SCHWANZMEISE
## *Aegithalos caudatus*

Wer ist nicht schon einmal beim Anblick der zierlichen Schwanzmeise mit dem runden Puppengesicht in begeisterte Ausrufe des Entzückens ausgebrochen! Allerdings läßt sie sich nicht leicht beobachten, denn zur Nahrungssuche turnt sie meist hoch oben in den Kronen der Laubbäume und sucht eifrig jedes Blatt auf seiner Oberseite und seiner Unterseite nach Insekten ab. Ihrem scharfen Auge entgeht kein noch so gut getarntes Beutetier, auch dann nicht, wenn es vollkommen regungslos auf einer gleichfarbigen Unterlage sitzt.

Ihre Körperlänge beträgt vierzehn Zentimeter, davon entfallen aber acht auf den außerordentlich langen, gestuften Schwanz. Dieses Merkmal zusammen mit der einmaligen Nestbauweise und dem geselligen Verhalten der Art auch in der Brutzeit hat die Wissenschaftler veranlaßt, die „Schwanzmeisen" als eigene Familie von den „echten Meisen" wie Kohlmeise, Blaumeise usw. abzutrennen.

Die meisten Schwanzmeisen sind am Vorderkörper porzellanweiß, ihre Unterseite zeigt einen Anflug von Rosa; Schwanz, Flügel und Rücken sind größtenteils schwarz; zwei breite schwarze Streifen über den Augen leiten ins Schwarz des Rückens über. Daneben gibt es in Nord- und Osteuropa eine Rasse mit schneeweißem Kopf. Diese Vögel fallen in strengen Wintern manchmal invasionsartig in unser Gebiet ein, aber auch bei unseren Schwanzmeisen kommen bisweilen Individuen vor, deren Kopfstreifen nur schwach angedeutet sind oder fehlen.

Im Gegensatz zu den höhlenbrütenden „echten" Meisen bauen Schwanzmeisen ein freistehendes Kugelnest in einem Baum. Beide Partner tragen emsig Moos und Flechten ein, innen wird der Bau mit kleinen Federn ausgepolstert. Häufig brüten viele Paare beieinander und allein gebliebene „Meisen" helfen bei Brut und Jungenaufzucht. Seine acht bis zwölf Eier brütet das Weibchen in vierzehn Tagen aus. Nach zwei oder drei Wochen verlassen die Jungen das Nest. Im Herbst schließen sich die Familien zu Schwärmen zusammen. Mit lautem „si-si" und „tsirrp-tsirrp" bleiben sie in ständigem Rufkontakt. Nachts schlafen sie eng aneinandergeschmiegt.

# TANNENMEISE
## *Parus ater*

Wer in unserer Gegend einen Garten in der Nähe größerer Nadelwälder hat, wird auch die kleine Tannenmeise kennen. Auf den ersten Blick ähnelt sie der nächsten Art, der Kohlmeise, ist jedoch nur elf Zentimeter lang; ihr Bauch ist bräunlicher gelb, ohne schwarzen Längsstreif, dazu besitzt sie einen auffallenden weißen Nackenfleck. In unseren Breiten ist sie ein typischer Bewohner der Nadelwälder. In Nordafrika bewohnt eine Rasse Laubwälder, und in Großbritannien kommt die links abgebildete Form mit bräunlicherem Bauchgefieder auch im Mischwald vor.

In Mitteleuropa hat die Tannenmeise in Anpassung an ihren speziellen Lebensraum zwei Besonderheiten ausgebildet: einen extrem dünnen und spitzen Schnabel, der es ihr erlaubt, zwischen den dichtstehenden Nadeln zu klauben, und zangenartig schließende Krallen für einen besseren Halt. Ihre Rufe ähneln denen anderer Meisen, nur ein leises, dünnes „si-si", ähnlich dem eines Goldhähnchens, verrät sie. Ihr Gesang, ein schnelles, klares „wizi-wizi", ist das ganze Jahr über zu hören und wird wahrscheinlich auch vom Weibchen vorgetragen. Nach Auflösung der Winterschwärme im Februar oder März besetzen die Paare ein Revier und suchen eine geeignete Nisthöhle. Da in unseren gut durchforsteten Nadelwäldern Baumhöhlen besonders rar sind, brüten Tannenmeisen häufig in Erdspalten, Mauselöchern oder im Mauerwerk. Wie bei allen „echten" Meisen baut nur das Weibchen am Nest. Es brütet vierzehn Tage lang allein, wird aber vom Männchen in der Höhle gefüttert. Die Nestlingszeit beträgt im Durchschnitt siebzehn Tage. Die Zahl der Jungen schwankt von fünf bis zwölf, Temperatur und Anzahl der Paare im Brutgebiet können die Gelegegröße beeinflussen. In strengen Wintern erleidet der kleine Vogel, ähnlich den Goldhähnchen, oft zahlreiche Verluste, die er in milden Sommern durch ein besonders starkes Gelege und eine dritte Jahresbrut wieder ausgleichen kann. Außerdem ist die Tannenmeise unter unseren Meisen am ehesten bereit, Wanderungen vorzunehmen; nördliche Populationen ziehen in manchen Jahren oft invasionsartig durch unser Gebiet.

# KOHLMEISE
*Parus major*

Sie ist vierzehn Zentimeter lang, recht bunt gefärbt und fällt durch lebhaftes Betragen auf. Wer könnte sie besser beschreiben als Wilhelm Busch, wenn er sagt: „Hell flötet sie und klettert munter/am Strauch kopfüber und kopfunter./Das härt'ste Korn verschmäht sie nicht,/sie hämmert, bis die Schale bricht." Diese drei typischen Verhaltensmerkmale – die hellen, klaren Rufe, das Turnen im Geäst bei der Nahrungssuche und das Aufbrechen von hartschaligen Samen mit dem Schnabel, die unter einen Fuß oder beide Füße eingeklemmt werden – treffen natürlich für alle „echten" Meisen zu. Aber weil die Kohlmeise die häufigste, frechste und damit bestbekannte unserer Meisen ist, soll sie hier erwähnt werden. Kohlmeisen sind leicht an ihrer Größe und dem kräftig gelben Bauch, der von einem schwarzen Längsstreif in zwei Hälften geteilt wird, zu erkennen. An der Breite und Länge des Bauchstreifs können wir auch die Geschlechter auseinanderhalten: beim Männchen ist der Streifen breiter und reicht fast bis zum Schwanzansatz, während er beim Weibchen meist vor den Beinen endet. Sie bewohnen alle Arten von Wäldern, Gärten und Parkanlagen von der Niederung bis hinauf zur Baumgrenze. Schon ab März beginnen die Weibchen mit dem Nestbau. Als Bruthöhlen wählen sie oft die merkwürdigsten Neststandorte: alte Ofenrohre, Briefkästen, umgekippte Blumentöpfe oder leere Blechkanister. Sie verkleinern große Höhlen mit Unmengen von Moos und Wurzelwerk und legen darin die Nestmulde an, die sie mit Pflanzenwolle oder Tierhaaren auskleiden. Ein Vollgelege besteht selten aus weniger als acht glänzend weißen Eiern, die mit einigen braunroten Flecken verziert sind. Je nach Witterung schlüpfen die Jungen nach dreizehn bis zweiundzwanzig Tagen. Mit drei Wochen verlassen sie das Nest und werden von beiden Altvögeln noch etwa drei Wochen lang betreut. Nach Beendigung der zweiten Brut streifen Kohlmeisen zunächst familienweise, dann in größeren Schwärmen durch den Herbstwald. Im Winter sind sie häufiger Gast am Futterbrett und wenn das erste „zizibä" aus ihrer Kehle tönt, dann wissen wir, daß es bald Frühling wird.

# BLAUMEISE
## *Parus caeruleus*

Blaumeisen sind zwar klein, aber sehr frech und mutig. Mancher Vogelberinger weiß ein Lied davon zu singen, wie heftig sich eine im Netz gefangene Blaumeise mit ihrem kleinen Schnabel zu verteidigen vermag. Neugierig ist sie auch. Fast noch häufiger als ihre große Verwandte, die Kohlmeise, dringt sie durch offenstehende Fenster und Türen in die Häuser ein und hackt wahllos auf Torten und Tapeten ein, kurz, sie untersucht alles auf Genießbarkeit. Im Winter fehlt sie nie am Futterbrett und weiß sich gegen andere Vögel durchzusetzen.

Nur selten verlassen Blaumeisen ihr Brutgebiet. Sie streifen aber nach der Brutzeit auch außerhalb ihres Lebensraumes, Wäldern verschiedenster Art, sowie Parks und Gärten, umher. So fallen sie zum Beispiel regelmäßig jeden Winter in große Schilfbestände ein, wo sie die Schilfhalme aufhacken und nach überwinternden Insektenlarven untersuchen.

Schon zeitig im Frühjahr beginnen sie sich auf die Brut vorzubereiten. Die Männchen singen silberhell ,,titi-türr'', weshalb die Blaumeise in manchen Gegenden auch ,,Silberglöckchen'' heißt. Das Weibchen baut das Nest in einer engen Höhle. Bei Nistkästen für Blaumeisen sollte der Durchmesser des Fluglochs nur sechsundzwanzig Millimeter betragen; deshalb trifft man die Art auch seltener in Briefkästen und ähnlichen Behelfswohnungen an. Stört man eine Blaumeise bei der Brut, so verläßt sie das Gelege oder ihre Jungen nicht, sondern zischt den Feind drohend mit weit geöffnetem Schnabel an. Auch Kohlmeisen zeigen dieses sehr ursprüngliche Drohverhalten.

Zehn bis dreizehn Eier legt ein Blaumeisenweibchen, und das meist zweimal im Jahr. Veranschlagt man das Gewicht eines frischgelegten Eies mit eineinviertel Gramm, so wiegt ein Gelege bereits mehr als die Meise selbst, die etwa elf Gramm schwer ist. Bei zwei Bruten im Jahr produziert sie bis zum Dreifachen ihres Körpergewichtes. Man kann sich denken, wie viele Insekten ein Kleinvogel vertilgen muß, um diesen Verlust an Körpersubstanz wieder ausgleichen zu können!

# SUMPFMEISE
*Parus palustris*

# WEIDENMEISE
*Parus montanus*

Sumpf- und Weidenmeise sehen einander so ähnlich, daß wir sie nur an ihren Rufen auseinanderhalten können. Wir haben es wieder mit Zwillingsarten zu tun. Ihre Namen sind recht unglücklich gewählt, denn die Weidenmeise bevorzugt Flußauen und andere feuchte Wälder, die Sumpfmeise dagegen ist in allen Laubwäldern und auch in Gärten zu Hause, läßt aber keine Vorliebe für Sumpfgebiete erkennen.

Genauere Betrachtung zeigt, daß Weidenmeisen stets einen mattschwarzen, erwachsene Sumpfmeisen einen glänzend schwarzen Oberkopf besitzen. Beide tragen einen schwarzen Kehlfleck, weiße Wangen, bräunlichweiße Unterseiten und braungraue Rücken. Die Weidenmeise lockt gedämpft „dähdäh", ihre Zwillingsart kurz „zidede". Sumpfmeisengesang klingt klappernd „djepdjepdjep", der von Weidenmeisen pfeifend „zji–zji–zji", oft in der Tonhöhe leicht abfallend.

Beide Arten sind Höhlenbrüter. Während das Sumpfmeisenweibchen stets vorgefundene Höhlen oder Nistkästen annimmt und diese nur erweitert und herrichtet, zimmern Weidenmeisenweibchen ihre Höhlen in alten, morschen Bäumen immer selbst. Das Brutgeschäft verläuft bei beiden Arten etwa gleich: die Weibchen bauen das Nest, einen Napf aus Pflanzenteilen, der mit Haaren ausgekleidet wird, legen etwa acht weiße, braun gefleckte Eier und brüten diese in zwei Wochen aus. Die Männchen füttern ihre Partnerinnen in der Höhle. Die Nestlingsdauer beider Arten beträgt etwa drei Wochen.

Vielleicht ist es an dieser Stelle angebracht, nochmals auf die Nützlichkeit der Meisen bei der Vernichtung von Schadinsekten hinzuweisen: Wissenschaftler haben ausgerechnet, daß Meisen beim Aufziehen einer Brut innerhalb von drei Wochen mehr als siebentausend Insekten, meistens schädliche Raupen, an ihre Jungen verfüttern.

# KLEIBER
## *Sitta europaea*

Kleiberpaare halten sich das ganze Jahr hindurch innerhalb fester Reviergrenzen auf. Diese Verhaltensweise teilt der Kleiber mit nur wenigen
anderen heimischen Vogelarten, die meisten lösen ihre Reviere mit Einsetzen des Winters auf. Am zahlreichsten treffen wir Kleiber in Wäldern,
in denen Eichen vorherrschen. Wie bei vielen Höhlenbrütern ist auch für
ihn das Angebot an Bruthöhlen für die Wahl seines Lebensraumes aus-
schlaggebend. In Eichen finden sich Astlöcher und morsche Stammteile
besonders häufig, daneben liefert der Baum zu jeder Jahreszeit ausreichend Nahrung: im Frühjahr und Sommer verstecken sich unzählige
Insekten unter der rauhen Borke, im Herbst reifen die Eicheln, die der
Kleiber im Winter gerne verzehrt.

Schon in den ersten Märztagen kommen Kleiber in Brutstimmung und
beginnen, alle im Revier befindlichen Höhlen zu untersuchen. Die end-
gültige Wahl trifft stets das Weibchen: es reinigt die Höhle, trägt Nistmaterial ein und verklebt das Einflugloch mit Lehm und Speichel bis es so eng
geworden ist, daß ein Kleiber gerade noch bequem ein- und ausschlüpfen
kann. Dieser Angewohnheit verdankt der Kleiber (das heißt „Lehmar-
beiter") seinen deutschen Namen.

Sein Gelege enthält acht Eier, die das Weibchen sechzehn Tage lang
bebrütet. In dieser Zeit versorgt das Männchen seine Partnerin mit Futter.
Die Jungen werden von beiden Elternteilen verköstigt und fliegen im
Alter von vierundzwanzig Tagen aus.

Im Spätsommer beginnen junge Kleibermännchen erstmals, sich nach
einem Territorium umzuschauen. Im Herbst kommt es zu ersten agressi-
ven Auseinandersetzungen zwischen den Reviergründern. Kampfes-
lustige Kleiber stürzen unter Angriffsrufen aufeinander los, Hetzen kopfauf
und kopfab die Baumstämme hinauf und hinunter. (Sie sind übrigens die
einzigen Vögel, die kopfabwärts einen Baum hinunterklettern können.)
Manchmal stehen sie sich auch nur in Drohstellung gegenüber, breiten
ihre Flügel aus und spreizen ihre Schwänze, daß das schwarzweiße Muster
der äußeren Schwanzfedern aufleuchtet.

# WALDBAUMLÄUFER
## *Certhia familiaris*

„Baumläufer" heißt er, weil er bei der Nahrungssuche gleich einem winzigen Specht an Baumstämmen oder dicken Ästen emporklettert, und wie dieser benutzt er die steifen Federn seines Schwanzes als Stütze. Nur seine Stimme verrät ihn: das rindenfarbene Gefieder tarnt ihn ausgezeichnet. Eigentlich sollte ich sagen, daß es „sie" tarnt; denn neben dem Waldbaumläufer gibt es bei uns eine zweite Art, den Gartenbaumläufer. Dieser „Zwillingsbruder" gleicht ihm aufs Haar und ist mit Sicherheit nur an der Stimme zu unterscheiden. Waldbaumläufer bewohnen die Britischen Inseln, Nord- und Osteuropa und weite Teile Asiens, Gartenbaumläufer den Westen und Süden unseres Kontinents sowie Nordafrika. In Mitteleuropa gibt es beide Arten. Vor der letzten Eiszeit, so vermutet man, bewohnte die Stammform der heutigen „Zwillingsarten" ganz Europa. Mit Ausbruch der Eiszeit wurde sie nach Südosten und Südwesten in wärmere, eisfreie Regionen abgedrängt und so geteilt. Nach dem Rückgang der Vereisung rückten beide Populationen wieder bis in ihre ursprüngliche Heimat vor. Beim Aufeinandertreffen der Vögel aus den jeweiligen Rückzugsgebieten verpaarten sie sich nicht mehr miteinander – die Trennung hatte so lange gedauert, daß sich beide Formen nicht mehr miteinander „verständigen" konnten; aus der Stammform hatten sich zwei neue Arten gebildet.

In Mitteleuropa können wir die Unterschiede zwischen den „Zwillingen" besonders gut vergleichen. Der weißbäuchige Waldbaumläufer sucht seine Nahrung an glattrindigen Baumstämmen wie Fichten, Tannen oder Buchen. Er hat einen kürzeren Schnabel als der graubäuchige Gartenbaumläufer, der dank seinem längeren Schnabel Käfer auch aus den Ritzen rauhborkiger Stämme klaubt. Der größte Unterschied zwischen den Arten liegt im Balzgesang. Gartenbaumläufer singen kurze klare Strophen, Waldbaumläufer längere, die stets in einem Triller enden.

Baumläufer zählen zu den wenigen Arten, die auch in polarer Kälte überwintern können. Bei starkem Frost nächtigen viele Paare aneinander geschmiegt in dichten Trauben.

# ZAUNKÖNIG
## *Troglodytes troglodytes*

Der Familie „Zaunkönige" gehören neunundfünfzig Arten an, davon sind achtundfünfzig über Süd- und Nordamerika verbreitet; nur unser Zaunkönig ist sowohl in Nordamerika wie auch in Europa und Asien zu Hause. In unserem Gebiet ist er hauptsächlich Standvogel, Zaunkönige aus nördlichen Breiten ziehen jeden Herbst und jedes Frühjahr durch unseren Raum südwärts. Sein Lebensraum sind dichte Büsche und Hecken. Ob sie in Wäldern oder frei stehen, ist ihm gleichgültig, es muß nur genügend Wasser in der Nähe sein. Deshalb liebt er Auwälder und Ufergelände an Seen, Flüssen oder Bächen. Dort können wir den neuneinhalb Zentimeter langen Zwerg beobachten, wie er knicksend und den kurzen Schwanz gestelzt, mausartig durch Wurzelwerk und Büsche huscht, immer auf der Suche nach Insekten. Weit öfter können wir ihn hören, und seinem schmetternden „tick-tick-tick" und seinem lauten Alarmruf „zerr" nach, erwarten wir einen mindestens amselgroßen Vogel vorzufinden. Der Gesang rollt lautstark „zezetirr, zizitirrzih" etc. Wir können ihn das ganze Jahr hindurch, selbst an frostigen Wintertagen von freier Warte singen hören.

Sein Kugelnest scheint ebenfalls zu groß geraten, es mißt im Durchmesser fünfzehn bis siebzehn Zentimeter, etwa soviel wie ein Amselnest. In seinem Revier, das es das ganze Jahr verteidigt, baut das Männchen mehrere „Spiel-" oder „Hahnennester". Das Weibchen wählt eines davon und polstert den kugeligen Rohbau aus Moos, Laub und Gras mit Federn aus. Gegen Ende April legt es sechs weiße, schwach oder gar nicht gefleckte Eier und bebrütet sie vierzehn bis sechzehn Tage lang. Das Männchen hilft bei der Aufzucht der Jungen. Manchmal hat ein Zaunkönigmann auch mehrere Weibchen, dann betreut er nur die jeweils jüngste Brut und überläßt ältere Jungtiere ganz der Fürsorge der Partnerin. Ausgeflogene Junge übernachten noch einige Zeit in den „Spielnestern", während die Weibchen das nächste Gelege erbrüten. Viele Zaunkönigpaare leben in Dauerehe.

# BUCHFINK · BERGFINK
## *Fringilla coelebs · Fringilla montifringilla*

Finkenvögel sind als Körnerfresser mit einem kräftigen Schnabel ausgerüstet, mit dem sie Samen schälen können. Viele verschmähen aber Insekten als Beikost nicht, und einige Arten wie der Buchfink ziehen ihre Jungen nur mit Kerbtieren groß. Berg- und Buchfink sind zwei nahe verwandte Arten; der Bergfink ist sozusagen das nördliche Gegenstück zum Buchfinken und bei uns nur im Winter anzutreffen. Hier hält er sich dann gemeinsam mit seinem Vetter in Laubwäldern auf, vorzugsweise in Buchenwäldern, wo er gerne Bucheckern verzehrt. Seine Brutgebiete liegen in den Nadel- und Birkenwäldern von Nordeuropa und Rußland. Im Ruhekleid sind Bergfinken an Kopf und Rücken graubraun, auffallend ist ihre orangebraune Brust. Beim Abflug ist der weiße Bürzel gut zu sehen. Beide Geschlechter sind im Winter fast gleich gefärbt. Zur Brutzeit sind Kopf- und Rückengefieder des männlichen Bergfinken pechschwarz, Weibchen sehen auch im Brutkleid unscheinbar aus. Buchfinkenmännchen haben weinrote Wangen und ein weinrotes Brustgefieder, blaugraue Kopfkappen und grüne Bürzelfedern. Ihre Weibchen sind auf der Oberseite dunkel olivbraun, auf der Unterseite grünlichgrau gefärbt.

Der lateinische Artname des Buchfinken ,,coelebs" bedeutet so viel wie ,,der Junggeselle". Er wurde ihm gegeben, weil im Norden seines Verbreitungsgebietes alte Männchen überwintern, während Jungvögel und Weibchen in den Süden ziehen. Von Februar an können wir Buchfinken wieder singen hören; der ,,Finkenschlag" endet von Gegend zu Gegend sehr verschieden. Er hat im Volksmund mancherlei Umschreibung gefunden, etwa ,,Fritze bring mir Würzgebier". Mitte April legt das Weibchen vier oder sechs Eier in das selbstgebaute Nest. Dieses steht hoch in Bäumen, in einer Astgabel oder auch frei auf einem waagrechten Ast. Die Brutdauer liegt im Mittel bei zwölf Tagen; beide Partner ziehen in zwei Wochen die Brut hoch. Nach dem Ausfliegen werden die Jungen einige Zeit gefüttert, bevor das Weibchen mit dem zweiten Gelege beginnt.

# STIEGLITZ
*Carduelis carduelis*

Wegen seines bunten Federkleides und seines wohltönenden Gesanges ist der Stieglitz einer der beliebtesten Stubenvögel. Er ist in Gefangenschaft leicht zur Brut zu bringen und läßt sich mit dem Kanarienvogel kreuzen. Solche Mischlinge singen besonders hübsch. Seine Kontaktrufe „tigelitt, zigelitt", denen der Stieglitz seinen deutschen Namen verdankt, können wir das ganze Jahr hindurch in baumbestandenem, offenen Gelände vernehmen. Außerdem ruft er noch „twick-wick-wick" und „aih" bei der Nahrungssuche wie viele andere seiner Verwandten auch. Sein Gesang ist eine flüssige Aneinanderreihung dieser Rufe, verwoben mit perlenden aber auch rauhen Silben, – im Gesamteindruck so lebhaft und farbenprächtig wie der Vogel selbst.

In großen Scharen fallen Stieglitze oft in Ödland oder Müllhalden ein, angelockt von den unzähligen dort wachsenden Disteln, deren Samen neben anderen Unkrautsämereien ihre Lieblingsnahrung bilden. In manchen Gegenden heißt der Stieglitz darum auch Distelfink.

Sein Nest steht im äußersten Astwerk eines Baumes. In der Regel errichtet das Weibchen den dicken Napf aus Pflanzenwolle ganz allein und polstert ihn innen mit Haaren und viel Distelwolle aus. Zwischen drei und sieben Eier legt es pro Brut. Sie sind glatt, glänzend bläulich und mit feinen Stricheln und Kritzeln gezeichnet. Die erste Brut wird meistens im April, die zweite im Juni begonnen. Stieglitznestlinge schlüpfen mit dichten langen grauen Dunen an Kopf und Rücken; ihre Sperrachen sind purpurrot gefärbt, die Schnabelränder mit rahmweißen Verdickungen versehen. Beide Partner ziehen die Jungen mit Insekten groß. Sie verlassen nach zwei Wochen das Nest und sind mit drei Wochen vollkommen unabhängig. Junge Stieglitze sind nicht so bunt wie ihre Eltern: ihr Vorderkörper ist bräunlich und gestreift, wie auch das Gesicht. Der feine, spitze Schnabel und die breite gelbe Flügelbinde unterscheiden sie von den ähnlich gefärbten jungen Zeisigen und Grünlingen.

# GRÜNLING · ZEISIG
## *Chloris chloris · Spinus spinus*

Im Winter treffen sich mitunter Grünling und Zeisig am Futterbrett, und
bei Streitigkeiten wird der vierzehneinhalb Zentimeter lange Grünling
dem um mehr als zwei Zentimeter kleineren Zeisig immer unterlegen
sein. Grünlinge sind langsam und bedächtig, und es braucht eine ganze
Weile, bis sie umständlich einen Nußkern verzehrt haben. Mit geöffnetem Schnabel und gespreizten Flügeln verteidigen sie ihre Beute gegen
andere hungrige Finken und Meisen.

Flug- und Kontaktruf des Grünlings sind ein wohltönendes „gügügüg";
zur Brutzeit ist das „Schwunschen", ein langgezogenes „schüäh" be-
zeichnend. Sein aus klingelnden und pfeifenden Tönen bestehendes Lied
singt er auch im fledermausähnlichen Balzflug. Wegen ihrer Vorliebe für
Nistplätze in Zypressen und Lebensbäumen treffen wir die Art vor allem
in Gärten und auf Friedhöfen an, wo Grünlinge stellenweise häufiger sind
als der Buchfink. Dichte Wälder behagen ihnen nicht.

Zwei oder drei Gelege erbrütet das Weibchen im Jahr, jeweils mit fünf
oder sechs lichtblauen, spärlich braungesprenkelten Eiern. Nach vierzehn
Tagen schlüpfen die weißbedunten Jungen. Sie werden ausschließlich mit
Sämereien großgezogen.

Der Zeisig ist ein Verwandter von Grünling und Stieglitz und im Winter
manchmal mit diesen Arten in einem Schwarm vereint. Er liebt die
Samen von Birke und Erle und sucht im Winter daher gerne Birken- und
Erlenmischwälder auf, weshalb er auch Erlenzeisig heißt. Zur Brutzeit ist
er in Nadelwäldern oder allenfalls in Mischwäldern anzutreffen, wo er
sein Nest in den äußersten Zweigen sehr hoher Nadelbäume so gut
versteckt, daß es in der Sage heißt, er mache es durch einen Zauberstein
unsichtbar. Vierzehn Tage sitzt das Weibchen auf dem Gelege von vier bis
fünf bläulichen, rosa gesprenkelten Eiern, bis die Jungen schlüpfen. Ob
die Nestlinge nur mit Sämereien, vor allem Fichtensamen oder auch mit
Insekten großgezogen werden, ist noch nicht ausreichend bekannt. Im
Alter von etwa zwei Wochen verlassen sie das Nest. Manche Paare brüten
zweimal im Jahr.

# GIMPEL
## *Pyrrhula pyrrhula*

Der Gimpel oder Dompfaff ist ein behäbiger Vogel. Da er sein Gefieder gern stark geplustert trägt, wirkt das Männchen oft wie eine schwarzrotgraue Kugel. Das Weibchen gleicht ihm in der Zeichnung, ist aber an der Unterseite rötlichgrau statt rot gefärbt. Bei Jungvögeln ist das gesamte Federkleid in bräunlichen Farbtönen gehalten. Wegen ihrer hübschen Färbung und der erstaunlichen Fähigkeit, Melodien pfeifen zu lernen, wurden Gimpel früher häufig in Käfigen gehalten. Junge Gimpelmännchen, denen man noch im Nestlingsalter immer wieder die gleiche Melodie vorpfeift, „singen" als Erwachsene nur dieses Lied. In der Natur muß der junge Gimpel seinen Gesang vom Vater lernen, er ist ihm nicht „angeboren" wie vielen anderen Vogelarten.

Der Gimpel unseres Gebietes, ursprünglich ein Waldbewohner, der sich jetzt vielerorts auch in Parks und Gärten eingefunden hat, ist hauptsächlich Standvogel. Neben den in West- und Mitteleuropa brütenden kleineren vierzehneinhalb Zentimeter messenden Gimpeln finden wir als Wintergast bei uns auch die sechzehn Zentimeter lange nordische Rasse. Die meisten Vögel und Säugetiere haben im kalten Norden größere Rassen entwickelt als im wärmeren südlichen Teil ihres Verbreitungsgebietes. Größere Tiere können einer starken Auskühlung besser widerstehen, weil ihre im Verhältnis zum Körpervolumen kleinere Körperoberfläche weniger Wärme abgibt. Die Überlebenschancen sind deshalb in kalten Klimazonen für die größeren Individuen höher.

Gimpelpaare leben in Dauerehe. Im Frühjahr, nach plötzlichen Frosteinbrüchen, sieht man Paare oft in Obstgärten, wo sie junge Blütenknospen abnagen – manchem Gärtner zum Verdruß. Mit weichem „dü" bleiben die Partner stets in Rufkontakt. Das Männchen singt leise plaudernd: Lockrufe wechseln mit knätschenden und gepreßten Tönen. Das Weibchen legt fünf Eier in das Nest aus Reisig und Moos. Nach vierzehn Tagen schlüpfen die Jungen, die im Alter von sechzehn Tagen das Nest verlassen.

# KERNBEISSER
## *Coccothraustes coccothraustes*

Alljährlich bringen unsere Wälder ein riesiges Angebot an Samen und Früchten hervor. Doch nur wenige Vögel sind in der Lage, dieses Angebot auch voll auszunutzen. Besonders unter den Kleinvögeln gibt es nur wenige, die hartschalige Samen zu öffnen vermögen. Dem Kernbeißer erlaubt sein unförmig wirkender dicker, klobiger Schnabel, diese, wie der Fachmann sagt, „nahrungsökologische Nische zu besetzen". Der Vogel nimmt des ganze Jahr hindurch überwiegend harte Samen und Kerne zu sich, ja er frißt sogar die Kerne der Kirschen lieber als ihr von Kleinvögeln sonst heiß begehrtes Fruchtfleisch. Seine Nahrungspalette ist überaus bunt und abwechslungsreich. In Mägen von Kernbeißern hat man mehr als hundertzwölf verschiedene Arten von Samen und Waldfrüchten gefunden, darunter Kiefernsamen, Eicheln, Schlehen, Bucheckern, Ahorn-, Eschen- und Erlensamen, Hasel- und Walnüsse sowie Erbsen, daneben unzählige Knospen und Triebe von Bäumen.

Das Erscheinungsbild des knapp starengroßen Vogels wird von seinem dicken blaßgrauen Schnabel und dem schwarzen Kehllatz geprägt. Allerdings ist es ein besonderer Glücksfall, einen Kernbeißer einmal zu erblicken, denn die meiste Zeit des Jahres verbringt er hoch oben in den Baumkronen von Laub- oder Mischwäldern. Im Herbst können wir ihn manchmal beobachten, wenn er am Boden nach Waldfrüchten sucht. Nicht alle Kernbeißer überwintern im Brutgebiet, die nördlichen Populationen wandern nach Südeuropa ab. Im März erregen sie durch lautes Singen und Rufen unsere Aufmerksamkeit. Von ihren hohen Sitzwarten zwitschern die Männchen ihre Balzstrophe „gügügü", die sie unter Drehen und Wenden des Oberkörpers mit gesträubten Kopffedern vortragen.

Als Neststandort wählt der Kernbeißer Äste von Laubbäumen. Dort legt er auf einer Unterlage aus trockenen Reisern einen Napf aus feinem Baumaterial an. Dem Weibchen kommt der größere Teil des Brutgeschäftes zu, es brütet die fünf blaßblauen, gepunkteten Eier fast allein aus. Nach zwei Wochen Nestlingszeit führen beide Eltern die flüggen Jungen.

# BIRKENZEISIG
## *Acanthus flammea*

Diesem entzückenden kleinen Finkenvogel können wir zur Herbst- und Winterszeit vor allem dort begegnen, wo am Waldrande, in Gärten oder in Alleen Birken stehen. Wir können ihn zuweilen in Schwärmen von fünfzig oder sechzig Individuen antreffen, oftmals in Gesellschaft von Erlenzeisigen und anderen Finkenarten.

Wenn diese liebenswerten Vögel in den schlanken Birkenzweigen hängen und ein Birkenkätzchen nach dem anderen entsamen, leuchten ihre roten Scheitel und auch der schwarze Kinnfleck ist dann gut zu sehen. Männchen zeigen rosenrotes Brustgefieder und einen rötlichen Bürzel. Ihr Lockruf schnarrt „dschädschädsch" oder rollt „irr". Birkenzeisige brüten vor allem in den Polargebieten, von Nordamerika, Grönland, Island und Skandinavien bis nach Sibirien. Außerdem besiedelt eine etwas abweichende Rasse Irland, Großbritannien, die Nord- und Ostfriesischen Inseln, den Böhmerwald, die Alpen und die Karpaten. In England hat ihr Bestand innerhalb der letzten Jahre stark zugenommen, begünstigt durch zahlreiche Aufforstungen. Sie brüten dort in Nadel- oder Birkenwäldern, stellenweise sogar in Parkanlagen. In den Alpen lebt der Birkenzeisig an der oberen Waldgrenze der Hochgebirge, die er nur bei besonders hohen Schneelagen verläßt. Paare nisten oft nahe beisammen. Ihr Nest kann hoch in einem Baum oder fast am Erdboden errichtet sein. Das Vollgelege besteht aus vier bis fünf relativ kleinen Eiern. Das Weibchen brütet sie in durchschnittlich zwölf Tagen aus. Die Jungen sind mit dichtstehenden dunkelgrauen Dunen bewachsen; am Gaumen des roten Sperrachens stehen zwei helle Punkte. Schon nach vierzehn Tagen fliegen die Jungen aus. Sie werden von beiden Elterntieren betreut. Eine zweite Jahresbrut beginnen Birkenzeisige nur in wärmeren Gebieten.

Der Lockruf der Alpenbirkenzeisige klingt etwas verschieden von dem der nordischen Rasse. Sie rufen weich „dschödschödschö". Beide Rassen singen im Balzflug; der Alpenbirkenzeisig etwa „dschödschö irr dschödschö tswidtswidtswid".

# FELDSPERLING
## *Passer montanus*

Viele Menschen haben bisher vermutlich übersehen, daß es bei uns zwei Sperlingsarten gibt. Dabei sind sie einander gar nicht einmal so ähnlich – der Haus- und der Feldsperling. Das Kleid des Feldsperlings ist schlicht in Braun, Weiß und Schwarz gehalten, beide Geschlechter sind gleich gefärbt. Die Kopfplatte ist kräftig rotbraun, nicht schiefergrau wie beim Hausspatzenmann oder unscheinbar graubraun wie bei der Spätzin. Auffallend ist ein schwarzer Ohrfleck auf der weißen Wange, den sonst keine Sperlingsart besitzt.

Sein deutscher Name ist gut gewählt: er besiedelt Kulturland, Feldgehölze und Dorfränder. Große Städte überläßt er seinem Vetter, dem Haussperling. Er lebt und nistet stets gesellig und verteidigt kein Revier. Beide Partner errichten ihr Nest, einen unordentlichen Bau aus Stroh, in einer Baumhöhle, Felsspalte oder einem Heuhaufen. Gerne bezieht er Nistkästen, wenn notwendig verjagt er auch Meisen oder Schnäpper aus schon besetzten Wohnungen. Wer seinen Nistkasten nicht dem Feldsperling zur Verfügung stellen will (der anderswo leicht einen Ersatz findet), kann dies erreichen, indem er Nistkästen mit einem Flugloch von nur dreißig statt zweiunddreißig Millimetern Durchmesser in seinem Garten anbringt – diese Fluglöcher sind für den dicken Feldsperling bereits zu eng, nicht aber für die schlanken Meisen.

Bis zu drei Jahresbruten erbrütet das Weibchen. Sie legt jedesmal fünf oder sechs kleine, schmutzigweiße Eier mit brauner Zeichnung. Nach einer Brut von vierzehn Tagen, an der sich Männchen und Weibchen zu gleichen Teilen beteiligen, schlüpfen die Jungen. Sie sind vollkommen nackt, ihre Sperrachen rosa, mit einem dunklen Punkt an der Zungenspitze. Beide Eltern ziehen sie nur mit Insekten groß und schon mit vierzehn Tagen verlassen sie das Nest. Nach weiteren vierzehn Tagen sind sie völlig unabhängig und schließen sich mit den anderen Jungvögeln und nicht mehr brütenden Altvögeln zu großen Schwärmen zusammen. Auf den Feldern verzehren sie in Riesenscharen Unkrautsamen, Getreidekörner aber auch Insekten.

# HAUSSPERLING
## *Passer domesticus*

Eine Großstadt ohne Haustaube und Haussperling wäre heute ganz undenkbar. Ist die Haustaube in die Stadt gezogen, weil sie in den Nischen der Gebäude einen gleichwertigen Ersatz für die Felswände gefunden hat, an denen ihre wilden Verwandten noch heute brüten, so hat sich der Haussperling (oder Spatz) wegen der leichter zu beschaffenden Körnernahrung an den Menschen angeschlossen. Zur Zeit der Pferdefuhrwerke lieferten ihm die „Pferdeäpfel" auch in den großen Städten einen ständig reich gedeckten Tisch. Heute sind es Müllhalden, Rieselfelder und das achtlos weggeworfene Pausenbrot im Park, die ihn versorgen. Außerdem gehen viele Stadtsperlinge zur Erntezeit „aufs Land", wo sie hauptsächlich Haferfelder plündern. Für viele Europäer ist der Spatz zum Symbol seiner Heimat geworden; Auswanderer aus Europa, aber auch aus Indien nahmen ihn gerne als Käfigvogel mit auf ihre Reisen – ausgekommene Haussperlinge bevölkern heute weite Teile Nordamerikas, Australien, Neuseeland, Südafrika und Südamerika. Viele sind vermutlich auch als blinde Passagiere auf Getreidefrachtern mitgereist.

Der Haussperling zeigt sich zu keiner Jahreszeit Balz oder Brut abgeneigt. Wir können in allen Monaten des Jahres sein Gelege finden. Bei der Balz, als deren Schauplatz er bevorzugt Dachrinnen benutzt, verbeugen sich mehrere Männchen mit zitternden Flügeln und unter lautem „schilp schelp" Gesang vor einer Spätzin. Dies lockt wiederum andere Spatzen an, so daß oft eine lärmende Schar von Männchen um nur ein einziges Weibchen versammelt ist.

Das Nest steht in jeder Art von Löchern oder Spalten und ist meist sehr liederlich gebaut. Eine Ausnahme bilden die seltenen freistehenden Baumnester, sorgsam gefügte Kugelbauten mit seitlichem Eingang. An diesen Nestern können wir erkennen, daß Sperlinge näher mit den Webervögeln der alten Welt verwandt und keine Finkenvögel sind. Drei Jahresbruten zeitigt die Spätzin mit Gelegen von jeweils fünf bis sechs sehr variabel gefärbten Eiern.

# STAR
## *Sturnus vulgaris*

Der Star ist der „Lebenskünstler" unter den Vögeln. Er ist überaus anpassungsfähig, da er sich bei der Nahrungssuche in keiner Weise spezialisiert hat. Er stochert Würmer und Keimlinge aus der Erde, liest Kerbtiere von Bäumen, klaubt Parasiten vom Weidevieh und erntet Beeren und Früchte. Es gibt nur wenige natürliche oder vom Menschen geschaffene Nahrungsangebote, die der Star nicht nutzt: seien es nun schwärmende Käfer oder Ameisen, die Obsternte oder Gemüseplantagen, deren Sprühanlagen er für das tägliche Bad benutzt. Von der Küste bis zum Gebirge, in der Stadt und auf den Feldern, auf gepflegtem Rasen und auf der Müllhalde, überall begegnen wir dem Star.

Stare sind Höhlenbrüter, aber in der Wahl ihrer Niststätten nicht sehr anspruchsvoll; ihnen genügt schon ein verschobener Dachziegel oder ein hohles Rohr. Das Nest selbst, eine unordentliche Ansammlung von Stroh und Grashalmen, ist innen sauber mit Federn, Wollfäden oder Moos ausgekleidet. Den ersten Teil baut meist das Männchen, das Weibchen bereitet dann die Nestmulde und legt fünf bis sechs einfarbig blaßblaue Eier hinein. Beide Partner brüten vierzehn Tage lang und ziehen gemeinsam die Brut hoch. Jungstare streifen oft schon im Frühsommer in größeren Schwärmen durch die Gegend. Der eigentliche Zug setzt im September ein und führt Stare unseres Gebietes nach Südengland, Frankreich, Spanien, bis nach Nordafrika. Seit kurzem bleiben einige aber auch im Brutgebiet.

Bei ihrem wendigen, geradlinigen Flug sind Stare meist schweigsam. Abflugstimmung kündigen sie mit einem schnarrenden „krrk" an. Überrascht ein Sperber Stare, die am Boden fressen, tauchen sie mit einem scharfen „plik" ins nächste Gebüsch. Auf der Nahrungssuche lassen sie eine Vielfalt an pfeifenden und flötenden Lauten hören. Diese Rufe, verwoben mit hervorragend imitierten Stimmen und Strophen anderer Vögel, tauchen auch im Gesang des Stares auf, den er unter Flügelschlagen von seiner Lieblingswarte aus vorträgt.

# EICHELHÄHER
*Garrulus glandarius*

Unter unseren Rabenvögeln ist der Eichelhäher am prächtigsten gefärbt. Weinrötlichgrau sind Brust, Bauch und Rücken (die Zeichnung zeigt die stärker braungetönte englische Rasse); Bürzel und Flügelspiegel leuchten weiß. Seine strahlend blauen Flügeldecken mit den schwarzen Querbinden zieren manchen Jäger- oder Damenhut. Die schwarz-weiß gestreiften Scheitelfedern kann er bei Erregung zu einer Haube aufstellen. Sein lautes „Rätschen" hat schon manchem Jäger den Rehbock vergrämt; wir alle kennen diesen auffallend lauten Alarmruf des Vogels, der hoch aus den Baumkronen der Wälder tönt, während der Vogel selbst mißtrauisch im Geäst versteckt den Eindringling beäugt. Im Herbst sind Eichelhäher leichter zu beobachten: von Zeit zu Zeit fliegt ein Tier zielstrebig einen bestimmten Platz am Waldboden an, in Schlund und Schnabel zahlreiche Eicheln, die er als Wintervorrat eingräbt.

Der Eichelhäher lebt den größten Teil des Jahres hindurch gesellig, nur während der Brutzeit paarweise. Die Balz findet meist noch vor dem Auflösen der Winterschwärme statt. Der Ablauf des Balzverhaltens ist bei beiden Partnern ähnlich, so daß es mitunter unmöglich ist zu sagen, wer nun wen umwirbt. Mit erhobener Haube und gesträubten Rückenfedern verbeugen sich zwei Vögel voreinander und singen. Wenn wir auch die Aneinanderreihung von zischenden Lauten, gemischt mit zahlreichen Imitationen, nicht gerade als schön empfinden, – Rabenvögel zählen zu den Singvögeln und (wissenschaftlich gesehen) ist das Krächzen einer Krähe und das „glucksende Zischen" des Eichelhähers dem Lied der Nachtigall gleichzusetzen.

Eichelhähernester stehen vielfach hoch in den Baumkronen. Sie werden aus Reisig errichtet und mit Wurzeln und Halmen ausgekleidet. Ende April legt das Weibchen fünf bis sechs graugrüne, braun gefleckte Eier, die beide Partner, nach manchen Beobachtern auch nur das Weibchen, ausbrüten. Junge Häher werden mit tierischer Kost großgezogen, ältere Junge sogar mit Fröschen, Eidechsen und auch Singvogeljungen, was dem Häher die Abneigung mancher Menschen eingetragen hat.

# ELSTER
## *Pica pica*

Elstern sind schwarz-weiße Krähenvögel mit metallischem Glanz auf den schwarzen Gefiederteilen; diese schillern je nach Einfall des Lichts blau, grün oder purpurn. Von ihren sechsundvierzig Zentimetern Körperlänge entfallen mehr als zwanzig Zentimeter auf den langen Schwanz. Sie gehört zu unseren volkstümlichsten Vögeln; alleine im deutschsprachigen Raum gibt es mehr als hundert Populärnamen für sie. Elster, „Atzel" und „Schacker" sind darunter wohl die bekanntesten. „Schacker" beschreibt am besten ihren typischen Alarmruf „schack-schack". Schon der geringste Anlaß genügt, um Elstern in Alarmbereitschaft zu versetzen. Sie fliegt nur ungern über große Strecken. Am Boden, wo sie vorwiegend ihre Nahrung sucht, bewegt sie sich im Hüpfsprung fort. Sie verzehrt Körner, Früchte, Heuschrecken und andere Insekten; in der Nähe von Kartoffelfeldern macht sie sich durch das Vertilgen unzähliger Kartoffelkäfer nützlich. Leider raubt sie, wie fast alle Krähenvögel, Eier und Singvogeljunge aus Nestern.

Elstern bewohnen Kulturland und offene Landschaften mit vereinzeltem Baumbewuchs. Das Männchen balzt vor seinem Weibchen auf dem gemeinsam ausgewählten Brutbaum, anschließend wird mit dem Nestbau begonnen. Den überdachten Horst baut meist das Weibchen, das Männchen bringt ihm Nistmaterial. Jährlich findet nur eine Brut statt. Die sechs oder sieben blaßblauen Eier werden vom Weibchen in etwa achtzehn Tagen ausgebrütet. Die Nestlinge sind nackt und werden von beiden Partnern betreut. Nach drei oder vier Wochen sind sie flügge, bleiben aber noch mehrere Wochen unter der Führung ihrer Eltern im Revier. Junge Elstern werden erst im zweiten Lebensjahr geschlechtsreif. Einem einmal gewählten Partner bleiben sie ein Leben lang treu.

Im Spätsommer, nachdem die Jungen selbständig geworden sind, leben Elstern wieder gesellig. Nachts sammeln sie sich auf gemeinsamen Schlafplätzen, die sie erst wieder zu Beginn der neuen Brutperiode aufgeben, um am Horst zu nächtigen.

# SAATKRÄHE
## Corvus frugilegus

Von der fast gleichgroßen, ebenfalls völlig schwarzen Rabenkrähe unterscheidet sich die erwachsene Saatkrähe durch das violette Schillern ihres Gefieders und ihr nacktes, helles Gesicht; nur bei jungen Saatkrähen im ersten Lebensjahr ist die Schnabelwurzel schwarz befiedert. Saatkrähen wirken viel schlanker als Rabenkrähen, sie haben einen längeren Schnabel und auch ihre Rufe sind verschieden. Sie rufen ein langgezogenes, heiseres „kroa", man hört auch ein „koi" oder „kihuk". Ihr lautes Krächzen erfüllt die Nistkolonien mit ohrenbetäubendem Geschrei. Saatkrähen leben stets gesellig, verteidigen aber den engeren Nestbereich. Dies ist auch nötig, denn Beobachtungen haben gezeigt, daß ein Zweig oft in mehr als einem Dutzend Nestern „begutachtet" wird, bevor er endgültig in einem Horst Verwendung findet. Selten stehen weniger als zehn Nester in einer Kolonie, aber die früheren Riesenkolonien von mehr als hundert Paaren sind heute nirgendwo mehr anzutreffen. Der Horst ist ein umfangreicher Bau aus Reisig, der mit Wurzeln, Blättern, Moos und Haaren verfestigt wird. Das Weibchen baut ihn aus dem vom Männchen herbeigeschafften Material. Das einzige Gelege, das im Jahr ausgebrütet wird, besteht aus drei bis fünf bläulichen bis grünlichen Eiern, die das Weibchen etwa drei Wochen lang bebrütet. Das Männchen füttert in dieser Zeit sein Weibchen am Nest und versorgt auch die frischgeschlüpften Jungen mit Nahrung während das Weibchen diese wärmt. Wenn die Jungen nach etwa zehn Tagen befiedert sind, füttert auch das Weibchen mit. Nach mehr als einem Monat verlassen junge Saatkrähen erst das Nest. Im Winter trifft man sie in großen Schwärmen von oft mehreren hundert Individuen an: russische Saatkrähen, die die strengen kontinentalen Fröste fliehen, überwintern dann in unserem Gebiet. Bei schönem Wetter können wir sie abends hoch in der Luft segelnd sehen, bevor die Schwärme ihre traditionellen Schlafplätze aufsuchen.

# AASKRÄHE

*Corvus corone*
Rabenkrähe · Nebelkrähe

Kein anderer Vogel ist mißtrauischer und aufmerksamer als die Aaskrähe. Wegen ihrer Vorliebe für Vogeleier und Jungvögel – sie nimmt zwar Nester aus und schont auch Fasanenküken nicht, nährt sich aber vorwiegend von Würmern, großen Insekten, Mäusen, Aas und kranken Tieren – wird sie fast überall gejagt und vertrieben. Trotzdem hat sie in der letzten Zeit auch in den Städten Fuß gefaßt. Ihre große Vorsicht, gepaart mit hoher Intelligenz sichern ihr gute Überlebenschancen.

Ihr Lebensraum sind Feldgehölze, lichte Aubestände, und auch an Waldrändern trifft man sie. Europa wird von zwei Rassen der siebenundvierzig Zentimeter langen Aaskrähe bewohnt: im Westen (als Grenzlinie kann die Elbe gelten) ist die schwarze Rabenkrähe zu Hause, im Osten die Nebelkrähe, deren Rumpf hellgrau gefärbt ist. Wo die Verbreitungsgebiete aufeinandertreffen, vermischen sich beide Rassen; diese Mischlinge sind ein Beweis dafür, daß wir hier nicht zwei verschiedene Arten, sondern Rassen vor uns haben.

Stimme und Verhalten von Raben- und Nebelkrähe sind vollkommen gleich. (Allerdings ziehen Nebelkrähen, weil sie in einer kälteren Klimazone beheimatet sind, während Rabenkrähen Standvögel sind.) Sie rufen mit geblähter Kehle „krah" hoch oben in einem Baum oder „kirr" und verbeugen sich dabei mit gefächertem Schwanz. Ihr Gesang ist nur ein leises Schwätzen. Männchen werden erst im Alter von zwei Jahren fortpflanzungsfähig, schließen dann aber eine Ehe auf Lebenszeit. Beide Partner errichten ihren Horst in einem hohen Baum, seltener auf einem Haus. Er wird oft ein ganzes Krähenleben lang benutzt und jedes Jahr erneut mit Erde und Moos ausgebessert. Einmal im Jahr legt das Weibchen fünf bläuliche oder grüne Eier, die es allein in knapp drei Wochen ausbrütet. Beide Eltern füttern die Jungen, die mit ungefähr vier oder fünf Wochen ausfliegen.

# DOHLE
## *Corvus monedula*

Das ungewöhnlichste am Erscheinungsbild der schwarzen Dohle mit dem grauen Nacken sind ihre silbergrauen klugen Augen. Wegen ihres intelligenten Blicks und der geringen Größe von nur dreiunddreißig Zentimetern finden wir den an sich ärgsten Räuber unter den Krähenvögeln liebenswerter als seine großen, rauhbeinigen „rabenschwarzen" Vettern. Dohlen sind so frech, daß sie Tierhaare, mit denen sie gerne ihre Nester auspolstern, nicht erst mühsam suchen, sondern grasenden Weidetieren buchstäblich „vom Leibe reißen".

Wie die meisten Krähenvögel leben Dohlen stets gesellig. In der Brutkolonie gibt es eine Rangordnung, die, einmal festgelegt, lange Zeit hindurch beibehalten wird. Bei Streitigkeiten, die meist um Nistplätze, aber auch bei der Futtersuche entbrennen, genügt meist schon die Drohstellung des Ranghöheren, um den Rangniederen „auf seinen Platz zu verweisen". Anders als im Hühnerhof zeigen sich die Obenstehenden Rangniederen gegenüber friedlich, ernste Tätlichkeiten kommen höchstens unter ähnlichrangigen Dohlen vor.

Männchen und Weibchen bauen das Nest in Höhlen, Löchern oder Spalten an Gebäuden oder Bäumen. Die fünf hellblauen, gefleckten Eier werden meist im April gelegt. Achtzehn Tage brütet das Weibchen, das sich vom Partner füttern läßt. Die Jungen schlüpfen schwach bedunt, mit violetten Rachen. Fast einen vollen Monat bleiben sie im Nest und müssen

auch noch lange nach dem Ausfliegen von den Alttieren geleitet und betreut werden. Bei diesen hochintelligenten Tieren sind nämlich ein Großteil ihrer Verhaltensweisen nicht „angeboren" sondern müssen erst erlernt werden. So haben Dohlen beispielsweise kein angeborenes „Feindschema". Sie müssen von den Eltern lernen, wie Marder, Hund und Katze aussehen. Das Leben in der Kolonie unter dem Vorbild der Altvögel gewährleistet ihnen auch in der Zeit, in der sie ihre ersten Erfahrungen sammeln, hinreichenden Schutz.

# Alles über Vögel

wissen zu wollen, ist der Wunsch vieler Naturfreunde. Diesen Wunsch erfüllen die vogelkundlichen Bücher aus der Reihe „Pareys Naturführer", in der insgesamt 20 Bände erschienen sind. Prägnante, verläßliche Texte und farbige Zeichnungen, die die Vögel in natürlicher Umgebung zeigen, lassen diese Bücher auch wissenschaftlichen Ansprüchen gerecht werden. Das wohl bekannteste Werk dieser Reihe ist „Die Vögel Europas" von Peterson, Mountfort, Hollom. Sein übersichtliches Bestimmungs-System und die Gründlichkeit setzten Maßstäbe. Daran knüpft „Pareys Vogelbuch" von Heinzel, Fitter, Parslow an, das mit seinen 2840 farbigen Abbildungen das umfassendste Taschenbuch über Vögel sein dürfte. Ferner erschienen u.a.: „Jungvögel, Eier und Nester", „Das Wassergeflügel der Welt", „Die Vögel Helgolands", „Die Vögel Ost- und Zentralafrikas" und „Grundriß der Vogelzugskunde". Bitte fordern Sie unseren Naturführer-Prospekt in Ihrer Buchhandlung an oder beim Verlag Paul Parey, Spitalerstraße 12, 2000 Hamburg 1.